相逢何太晚

梁实秋◎著

海峡出版发行集团 | 福建教育出版社

图书在版编目（CIP）数据

相逢何太晚 / 梁实秋著 . — 福州：福建教育出版社，2024. 11. — ISBN 978-7-5758-0150-8

I . K825.6

中国国家版本馆 CIP 数据核字 2024TT8204 号

Xiangfeng He Tai Wan
相逢何太晚
梁实秋　著

选题策划	厦门外图凌零图书策划有限公司
责任编辑	黄珊珊
特约编辑	徐蕙蕙　刘　洋
美术编辑	邓伦香
封面设计	陶　雷
装帧设计	孟　迪

出版发行	福建教育出版社
	（福州市梦山路 27 号　邮编：350025　网址：www.fep.com.cn
	编辑部电话：0591-83779650
	发行部电话：0591-83721876　87115073　010-62024258）
出 版 人	江金辉
印　　刷	厦门市竞成印刷有限公司
	（厦门市同安工业集中区同安园 135 号　邮编：361100）
开　　本	889 毫米 ×1194 毫米　1/32
印　　张	7
字　　数	148 千字
版　　次	2024 年 11 月第 1 版　2024 年 11 月第 1 次印刷
书　　号	ISBN 978-7-5758-0150-8
定　　价	58.00 元

如发现本书印装质量问题，请联系本社出版科（电话：0591-83726019）调换。

菁清：昨天睡得時間不久，但是很甜。我近來沒戴過myring，記起覺得手腕上添了一個新的東西，是一種束縛，但是使得我安全的睡了一大覺。不免睡在甲殼的懷裡，是一幅絕妙而幸福的圖畫。我昨晚有類似的感覺，可惜是真的一樣。手鍊找到了，我很高興，害怕如它，我特別珍視它，因為你曾經戴過它，我也特別喜歡它，因為它離近過你的肌膚，我也特別高興它，因為它剛過近過你的肌膚。我昨天太興奮，所以去圖書館喝咖啡時說失對該英主持，我寫了一個新生。我也是真的接起柴木，煽動火焰，開始焚燒我自己，但願我能把這個一燒成灰，從新開始新的生活——也許是海市蜃樓的白日夢吧。

梁实秋 1974 年 12 月 11 日致韩菁清的书信手迹（1）

梁实秋1974年12月11日致韩菁清的书信手迹（2）

韩菁清1975年1月10日致梁实秋的书信手迹

梁实秋为韩菁清绘制的《菁秋戏墨》之一（梁实秋在与韩菁清离别时期，偶尔会绘制一些诗画相配的特殊作品，待见面后赠予韩菁清，他将这一系列作品称之为"菁秋戏墨"，上图为其中一幅作品）

几生修来不渝的爱（代序）

◎ 韩菁清

亲亲：

　　我在呼唤你，可曾听到？五月八日是母亲节，你大概在陪你母亲吧，你是最孝敬母亲的，当你看到我在吃蚶子的时候，你说你在母亲身边剥蚶给她吃，放了麻油、酱油、醋，再亲自去切姜末，看着她吃，偶尔也亲手递到她嘴里，说着说着，你也剥了蚶子喂到我的嘴里。你吃东西快，但是并不放下碗筷走到一边去做别的事，你总是爱坐在我身边欣赏我吃，边吃边聊，使得一向吃东西最慢的我更加慢了！但是，我好感谢你陪伴我，虽是小事一桩，使我好感动，且终身难忘！

　　你离开我半年多了！九号就是我们结婚的十三周年纪念，我最忌十三的数字，你说我"迷信"，可不是吗？第十三周年我们就分开了！今年结婚纪念日不能在一起，你的生日也没在一起，教我如何不讨厌这个"十三"的数字呢？我只能写下这封信，九号那天焚在你坟前，这样，天上人间，我们仍可以通信。

我好想念你，真的好想念好想念你，我每天躺在客厅的长沙发上与白猫王子在一起依偎，它是你最爱的一只猫，也是我最爱的一只，你要我善待我们的三只猫，犹如善待我们的子女一般，我想我是做到了！也许我比你还要宠爱它们，它们现在是我唯一的安慰，唯一的宝贝，我真不敢想象如果没有它们，我现在是怎么过的？至少有了它们我可以和它们讲话，虽然它们只会叫我"妈"，我也就心满意足了！

你在英国伦敦（注：梁实秋是莎士比亚专家，所以韩菁清称他过世为"到英国访问莎士比亚"），莎士比亚不知见到了没有？有人曾经建议你去英国看看莎翁的故居，你说"看那幢旧房子有什么用？"对啊！还是见到他本人比较好，大家可以谈谈嘛！还有英国理发铺是有名的"披头士"合唱团的故乡，其中颇有盛名的蓝哥也见到了吧？他们的成名作是 *She Loves You*，他们会唱着"她爱你，她爱你"，整首歌都是她爱你，她爱你，曾经我放他们的唱片给你听时，你说是不是唱片坏了？因为这首歌唱来唱去都是唱这一句，真的好像是唱片坏了滑不过去，你的幽默，真是一绝！至今人们提到了你，总认为你才是真正的幽默大师，和你在一起是永远快乐的，你的谈笑风生，使得满室生香，来访的友人总是尽兴而归，没有一个是扫兴的！

自你去英国后，我于两天后就去了香港，你的大女儿亲往启德机场迎接我，她是带着病前往的，你的外孙女王群病得更重，所以在机场见不到她，我和文茜上次在香港见面是笑容满面，欢天喜地，可是，此次相见，相拥而泣，泪洒启德机场，在数百位记者包围下，也顾不得那些，这种亲情的自然流露，如何能掩饰呢？差点十多件行李都挤丢了，红帽子一毛小费也没拿到，他们真可怜，我对他们也真感抱歉。

在香港和文茜、王群，同住一间房，三天三夜闲话家常，也没睡过。十一月廿三日我们就乘国泰飞机去北平了，第一晚找了一间小招待所，总算睡了一夜，廿三天以来的第一次休息。次日就住进北京饭店，晚上下着大雪，我躺在床上看着窗外，还以为不知何处飘来了羽毛，或飞絮，因为那是一场瑞雪，去年的深秋下的第一场雪。据文茜现在来信说，我走后都没再下过那样大的雪，我真还算幸运，四十年来没见过雪，一见就见到最大的雪，我在零度以下十四度（注：此处指摄氏度），去了长城、十三陵、回音壁、颐和园、清华大学、中央公园，拜访了你的好友谢冰心女士，老舍夫人胡絜青女士，并在欧美同学会礼堂，放了你去英国时，我和文骐、文蔷、小弟、小乖，为你送行的一卷录影带，据说欧美同学会是你六十多年前与文茜妈妈结婚的地方，无独有偶，真是太巧了！

在游中央公园时，雪景真美，我们照了许多照片留念，我天真的问文茜："你爸爸当年坐在哪个椅子上谈恋爱的？"文茜也好天真，在公园中东张西望，然后说："那会儿还没有我呢！"我们这两个老天真才相顾的大笑起来，秋秋……你如知道，一定又要叫我"矇查查"小娃了！对不？

当我在北平下机时，有一个好漂亮可爱的四岁小女孩，挤在人群中，大叫"老姥姥"，我以为她口齿不清，什么"老老老"，没去理她，她气得头低了下去，后来我和文茜上了车，文茜的儿子王政和媳妇史翠芬抱了那个女孩在车外向我挥手,史翠芬对小女孩说:"小芬,叫老祖宗,和老祖宗说再见。"她就大声叫"老祖宗""老祖宗再见",显然"老姥姥"不大好叫,"老祖宗"则顺口多了,以后,无论我到何处,开了车门,我刚坐好,小芬就坐到我大腿上,她每晨醒来第一句话就是去北京饭店看"老祖宗"。真的,这小孩的天分很高,口齿伶俐,极为像你,说起话来很逗,记性又好,过目不忘,已会背十几首唐诗了,我带去我唱的录音带,她一下子就学会好多首,我临走时在飞机上为她掉了不少眼泪,而她呢?自我走后,茶饭无心,天天吵着看"老祖宗"去,这真是"缘"哪。

清华学堂保存古迹,校长一一介绍你当年踢足球的球场,你游泳的池子,说你是以第一名考进清华学堂的,十九岁就去哈佛留学。秋秋,你真了不起,不论读书、演讲、演戏、运动,你都是第一。"能者多劳",你也劳苦了一辈子,这个世界上,很少的人像你那样,样样精通,学贯中西,而且一辈子做学问,坚强又有毅力,从不骄傲自满。我此生何幸嫁得如此可敬可爱的如意郎君?你说你娶我是几生修来,我现在想想,我才是几生修来!

你走了,我一切都很不习惯,寂寞无奈是理所当然的,可是,又有什么法子呢?"缘分""命运""造化",你能不信么?

我不是你初恋的情人,我是你最后的"唯一所爱",我好满足,好满足,你有了我永远不会再有别人了!

你也不是我的初恋情人,但是,你是我唯一的"敬爱的丈夫",我永爱你"至死不渝"!

我现在已渐渐的改善了我生活的习惯,家中没有请佣人,凡事亲力亲为,出外也不常乘车,步行不但有益于身体健康,且有脚踏实地之感!

你放心,我会把自己的生活安排得很好,省吃俭用的,庄敬自强,这辈子不会再依靠任何人了!

临风寄意,不尽欲言,只望你在英国过着最快乐日子,有父母兄弟,有好友在一起,比在家里过着单调生活更妥善些吧?再谈。
祝
一切都好

菁清
一九八八年五月七日

目 录

相逢何太晚 / 001

你要趁早了解我的为人　　　　　　　　003

我们还有漫长的路要走　　　　　　　　004

你说我是不是贪婪　　　　　　　　　　005

就是火山口，我们也只好拥抱着跳下去　007

一开动马达，就不能刹车　　　　　　　009

我第一次看见你流泪　　　　　　　　　011

真正纯洁的爱，往往一见倾心　　　　　013

我从心底一直笑到脸　　　　　　　　　015

你的笑容使我心醉　　　　　　　　　　017

我从不喜欢"人生如戏"的说法	019
在生活方式上我是土头土脑的乡下人	021
在恋人之间分不出施者和受者	022
你的心情永远是爽朗的	024
你的寓所是我的天堂	025
婚姻不是爱情的坟墓	026
我完全由着你,我的爱	027
恋爱中的人没有不嫉妒的	028
你耐心的快乐的等着我	030

不见又何妨 / 033

别离的滋味开始了	035
我们要建立圆满可羡的家庭	037
我想把你的灵魂拘了来	039
好像全台北的人都跟着你走了	042
你是我整个的灵魂	044
冬天来到,春天还会远么	047

接机的人大大小小一定很热闹　　　　049

我们两个组成一个独有的宇宙　　　　051

首次梦到你如饮"甘露"　　　　　　　054

把我的生命交给了你　　　　　　　　056

倘有变，除非太阳从西边出来　　　　059

我无心做事，也不想出门　　　　　　062

小天使自天而降慑服了我　　　　　　064

某些地方我相当保守　　　　　　　　067

连同信封，我都视如拱璧　　　　　　069

人是应该经得起考验才对　　　　　　071

我们是两个极端，东西半球的人　　　073

一天的质超过一年的量　　　　　　　075

我对你的爱是永久而且无限的　　　　078

读你的信好开心，看到了报纸好伤心　081

你是我心目中最可爱可敬的对象　　　083

名誉是人的第二生命　　　　　　　　085

我是一个最爱家的人，你就是我的家	087
我不要你以物质来博取我的欢心	090
我在此如坐针毡	092
那些人才是真正的"女子+小人"	096
我们是一对幸运儿，可怜虫	098
你是我的"大钻矿"	101
你给了我新的生命	103
我将炫耀我的幸福婚姻	105
第一次和你最亲近的韩家人谈话，好兴奋	108
爱比饮食、睡眠更重要	111

春来要寻花伴侣 / 113

情人不相见，纸笔代喉舌	115
我爱你已胜过爱我自己	119
你使我看见了人世间的绚烂色彩	121
我们两人最大的武器就是爱	125
我怎能不交出我的整个人和爱	128

抱着你的"大心"而眠	130
为了爱，我不顾一切	133
谁说情人一天只准写一封信	135
我们的相爱像电闪雷霆	138
我最大的快乐就是使你快乐	142
我们两个都是"天涯沦落人"	146
我从你身上获得了新生	150
人言并不可畏	152
低头写稿把一切烦恼暂忘	155
祝你晚安、早安、午安、旅途平安	157
我们已经考验及格了	159
你的心是很亲很密的和我心心相印	161
人的幸福仅仅是在"现在"	163
爱情之来不由自主	166

给小娃 / 169

机场一别，归来写了一首《临江仙》	171

有关你的片纸只字对我都是最珍贵的	173
傻小子上凉炕，全凭火力壮	175
这里的人震于"上海小姐"的大名	177
小别胜新婚	179
没有你的信，我胡思乱想，心乱如麻	181
人生不离别，谁知恩爱重	183
"爱别离"是人生四苦之一	184
一室庄严妻是佛	186
忙虽忙，无时无刻不想念你	187
我给你收拾房间像迎接新娘子一般	188
若有爱情远亦近	190
两人若已成一体，就要朝朝暮暮	193
情诗《给菁清》发表出来，我很骄傲	195
我日日夜夜在念中	197
我总有一天等到你	199

相逢何太晚

好花不长开,开时恨其短;
世上有情人,相逢何太晚。
珍惜眼前欢,酒杯须要斟满,须要斟满;
知否流光易转?知否流光易转?

——梁实秋

你要趁早了解我的为人

　　谢谢您的照片、书、大苹果、晚餐，还有往来于忠孝仁爱路，还有许多的赞美词及宝贵的意见。

　　想不到我们的缘分是这么好，"一见如故"犹如多年的朋友！别人不信，我们也曾有点胆怯，怀疑吧？但事实证明我们谈得是如此投机，彼此都付出了一份"真"！好微妙！好神奇！

　　我不敢在大文豪面前，卖弄文笔，平日您所看到的中英文书信，都属于 A1 级，这封小学生的幼稚会话，您会看得懂吗？告诉我，我等着您的评分，否则我没有勇气再造句！

　　仅仅的几句话，仅仅的几个字，仅仅的几个小动作，我知道您是多么的疼我！可是您要趁早了解我的为人（除了学问品德之外），我在某方面的气量好小，岂仅是容纳不了一粒"沙子"？"小灰"也受不了！

　　因为时间在您我现在的情况中，名符其实的是"一寸光阴一寸金"的时候，我必需尽快的表明这些看来似乎很小的"大事"！祝
幸福

小娃
一九七四年十一月三十一日

　　（注：信末所署日期有误，11 月无 31 日。）

我们还有漫长的路要走

菁清：

　　昨晚看了你的信，十二点以后才睡。你这封信我本想不覆，怕你不高兴，所以还是写几个字给你。其实见面谈，不是更好么？

　　你的信写得极好，不但含蓄，而且深刻，我看了不知多少遍，当什袭藏之。你要我"趁早认识我的为人"，我也要以同样的话叮嘱你。事实上我有更多的话叮嘱你。你不要任性，要冷静的想一想。从十一月廿七日到今天还不到一星期，谁能相信？我认为这是奇迹，天实为之！我们还有漫长的路要走，希望我们能互相扶持。

　　今早起，我吃了一片糯米藕，好甜好甜。我吃藕的时候，想着七楼上的人正在安睡——是侧身睡，还是仰着睡，还是支起臂肘在写东西？再过几小时又可晤言一室之内，信不要写了。

梁实秋
一九七四年十二月二日早

你说我是不是贪婪

菁清：

　　现在是夜里一点半钟。你也许还没睡，是躺在床上看书吧？今天很凉，你那两床被（软软的，是鸭绒的还是尼龙的？）也许都可以盖上了。我晚上九时客散，立即遵嘱睡觉，但是睡到一点半，再也不能阖眼，只好起来。想打电话，不知总机有无人服务。如果直接拨号的电话就好了！

　　昨天我们谈的话，每一句我都又反覆的加以思索，我很兴奋。我知道，在人生的道路上可能有变化，有时变得开朗，有时变得很晦霾，不过，我相信，我们两个的心不会变。两颗心融在一起，会抗拒外来的一切讥评。

　　昨晚你把你盘里的鱼分给我吃，你说将有消夜可吃而我夜里可能饿，我当时心里酸酸的，你随时心里有我。有一天，我若能陪你消夜，就好了。写至此，我真的有一点饿，起来烧了一壶开水，吃几块饼干。你要我带回的那两块小面包，我却没有吃，因为冰箱里一点佐餐的食物都没有。我的喉咙有一点哑，也许是受寒了，没关系，只消让我看一看你的笑容，有什么不舒服都忘了。

　　昨天看你那一堆照片，我一张都没有拿（虽然其中有好多张我特别爱），实在是因为我想那些照片，以及其他，已经全部的属于我了。你说我是不是贪婪?

梁实秋

一九七四年十二月五日夜

就是火山口，我们也只好拥抱着跳下去

菁清：

　　你睡得好么？昨晚你去后我赶快上床，报纸略翻一下就睡着了。睡到两点半，种种问题又兜上心头，有些问题是你提出而我事前没料到的，我苦思焦虑，辗转反侧，不能得到万全的解答。退一步想，我能在半夜里考虑这些问题，亦即是幸福了。你说悬崖勒马还来得及，在时间上当然还来得及，可是在情感上是来不及了。不要说是悬崖，就是火山口，我们也只好拥抱着跳下去。你说是吗，亲亲？

　　看相的事，我从来不信，是你提议，我就跟了去。他说的话大致不错，尤其是他说我长寿，这正是我提心吊胆的事，不是我勘不破这一关，而是这一关牵涉的不止我一个人。我不愿害任何一个人，尤其是我最最心爱的人。

　　今天是六日，屈指算来，是奇迹发生的第十天。你在镜子上写的字（注：韩菁清曾在梳妆镜上写"世间没有爱情"），我希望欧巴桑（注：此处指佣人）天天用力擦，擦掉它，至少先擦掉下句的第三个字，擦掉之后改为"已"字，或改为"果"字亦可。

　　你问我嫉妒否，我说不，事实上恐怕难免，例如你昨晚去洗头发,我就不能不想到理发匠要抚弄你的头发,而他在洗发的时候也一定对你有说有笑。想到这,我心里有异样的感觉,你会笑我吧?你心里会说:"可怜的孩子!"在这一方面,我是孩子。

我盼望今天能收到你一封信。

梁实秋

一九七四年十二月六日

一开动马达,就不能刹车

先生:

  接连着收到四封信后才复信,似乎嫌太不够礼貌。每天我们在一起,也不知哪里来的那么多话,一开动马达,就不能刹车!新的导演手法,应该是"点到即止",想不到一位研究莎士比亚戏剧权威的人,却把现代剧的对白写得太重复,显然这不是什么象征派、意识流之类的剧本了!我想这是一部写实的长片,因为男女主角的对白,讲了八百多句,连一个配角或临时演员,都不曾出场,真妙!

  老师认为我擅长写喜剧,我承认我是比较喜欢幽默风趣的人物,其实讲究效果,人的反应效果是第一,其次是气氛格调,开场要先声夺人,结尾是回味无穷,这是我的 idea。大教授你认为呢?

  我"自投罗网",你"自讨苦吃",新颖、悬疑、冲突,一步步在发展着,这是一个问题剧。问题剧如何编写?我从未尝试,照你的人生经验看法,让你替我编吧?不过,正确的人生观,不该是消极灰色吧?

  我极敬重你,也极喜欢你,虽然不敢过分的表达自己的内心,或多或少的,在这十天中,我想我用的新导演手法点、面、线,你也洞悉了!你曾说过"常笑的人,心里并不代表开心",真的,第一次就被你一语道破！你是情感丰富的人，我却是情感相当脆弱的人。我镜上的字，是我的座右铭，我不能擦掉它，自然的失踪，那又不同，凡事当然不可勉强！"船到桥头自会直"！

不要浪费精神，不要浪费时间，不要浪费金钱。你在此地，我要好好保护你，不管我对你的这个以上称呼，是最疏远的，或最亲密的，都成！你是那样聪明智慧的好好先生。夜了，明天谈。祝永远快乐！

小娃
一九七四年十二月七日

我第一次看见你流泪

菁清：

　　昨晚华国的"群英会"很妙，每个人都自以为是主角。群英会这出戏本来是角色的轻重之间分配得相当均匀。最后那个镜头好凄惨，一个心事重重的独自登楼，钻进那个斗室去思前想后，另一个有人陪伴着继续到一个地方去笑谈消夜，这一结束的场面耐人玩味。

　　人生如戏，高潮迭起。你说你是编导，你说你要让我来编下去，其实我不能编，你也不能导，我们两个是一对可怜的演员，受着造物主的播弄，乖乖的照着剧本演下去，是喜剧，是悲剧，是悲喜剧，只有天知道。你喜欢喜剧，我也是，我们在性格上有太多的相类似的地方。

　　昨天我第一次看见你流泪，可是我相信决不是这十二天中之第一次流泪。我也是第一次在你面前流泪，可是我早已告诉过你我流了好几次泪。亲亲，果然如你所说，我们的事已开始受到不利的批评，没有关系，请你信赖我，我知道你是纯洁的，圣洁的！如果你有缺陷，那便是你太美丽、太聪明、太真诚、太慷慨。人人说你人缘好，可是人人对你有一份嫉妒。你吃亏就在此，这是无需手相术士来指点的。关于这件事，见面再谈。

谢谢你昨天为我携带的披肩,山上有凉气,盖在我的腿上好温暖。我要给你一只金丝雀,你不要,怕忘了喂而饿死它,我担心的是因为是我送的而你过分宠爱它,把它喂得胀死!

我每次写信到末尾署名的时候就挺起身来骄傲的、负责的、坦率的、写下这样的三个字——

梁实秋

一九七四年十二月八日

真正纯洁的爱，往往一见倾心

菁清：

　　凡是真正的纯洁的爱，绝大多数是一见倾心的，请注意这个"见"字。谁说"爱情是盲目的"？一点也不盲。爱是由眼睛看，然后窜入心窝，然后爱苗滋长，然后茁壮，以至于不可收拾。否则怎能有"自投罗网""自讨苦吃"的情势发生？莎士比亚有一短歌，大意是说"爱从哪里生长？从眼睛里……"我起先不大以为然，如今懂了。

　　昨晚我很后悔，没有送你回去，外面下着蒙蒙细雨，相当凉，又是一个凄清的夜，我怎么那样的糊涂放你一个人回去？你去后我辗转不能入睡，唯盼今天早点能在电话里联络。

　　你给我的药，我已遵照你的意思吃了，一部分是为了我自己，更大一部分是为了使你高兴。

　　昨晚我们一起消夜，在我是生平第一次。你知道我的生活是拘谨朴素的，几曾深更半夜的在外面吃清粥？为了你，为了我亲自体验一下你平常生活方式的一部分实况，我打起精神喝了三碗粥。有你在我身畔，我愉快到了极点，可是我也感慨万千，其中的甜酸不必细说，那一杯又酸又甜的梅子茶最足以代表我心头的滋味。你看见我呆呆的一言不发,其实我心里有千言万语。你说那梅子茶可助消化,可是也勾起伤心人的无限伤心!你知道么,亲亲?

你在社会上名气太大,几乎无人不知,难免不受盛名之累,我决定用我的笔写出一部真实的韩菁清的本来面目,这事不简单,要你和我彻底合作,写成之后那将是我们两个的第一个宁馨儿。你愿意不?

梁实秋
一九七四年十二月九日

我从心底一直笑到脸

喂，人：

这一段日子里，我从心底一直笑到脸，你知道吗？你真的给了我，人所不能给我的真快乐，我从来不相信，在一个人仅仅的一个人身上，会找到一大把，一大把的爱，像似朋友，又是情人，像似长辈，却更超过亲父兄，奇特的事竟然发现在这段日子你我的身上。我好开心，我希望我永远拥有它，同时我也要好好待你，一如你之待我，也许我还会加倍还你，且待时间去证明罢！秤和磅对我们都不准确！

你说我爱你，你会痛苦，我不爱你，你会更痛苦，那末你教我怎样？爱，不爱，都放弃？做一个"小马偶"？"波斯猫"亦是善体人意的感情动物啊！

告诉我，应该如何去尽我的力量，来使你快乐？如何使你快乐得像我一般？我会遵照你的意思去做！

你要我支持你，是我有这么偌大的权力？任何人都会像你听我的话么？我当然会支持你，即使无有太大的权力！我想情感会战胜一切，柔能克刚！

为了不让你独自闭门数秒的算着"时光"，我在你与我短暂的别离的以前,我由衷的出于很高兴的"自愿",每天和你在一起,但是,答应我不要为我流泪,要为我欢笑。"笑"会令人年轻,和我在一起,你应该得到这些才合理!否则,我能够给予你什么呢?你说!

小娃
一九七四年十二月十五日

你的笑容使我心醉

菁清，我的小娃：

盼你的信好像是盼了好几个（八百多个）世纪；昨天终于拿到了，诵读之下犹如醍醐灌顶，我仔细的逐字欣赏，然后在字里行间推敲，最后我闭起眼睛穷思冥计，这封信我咀嚼了多少遍！

昨天我看见你脸色有异，我知道间接必定与我有关，我不愿多问，怕你说："你这人好烦呀！"可是你要知道，你的笑容，你的笑声，使我心醉，你的笑容笑声一敛，转为一阵阵的沉寂或是阴晦的时候，你又使我惶惑、战栗、心痛。但愿以后凡有不快的事情都由我一人承担，让我的小娃永久快乐。亲亲，我不知道我能给你多少快乐，我也不知道我能陪伴你多少年，请你准许我在此时此刻把我的一切奉献给你。

昨天胡姐说："你这样的听话！"我说："不是每一个人的话都听。"我只听一个人的话。我心甘情愿的让那一个人吩咐我，命令我，支配我，甚而至于折磨我！昨晚由那一碗"当归燉鳗"说到"自讨苦吃"，这一句话成了昨天我们谈话的主题。你在第一封信里就说"一个是自投罗网，一个是自讨苦吃"，投罗网也是吃苦，我问你：有没有苦尽甘来之日？

我有一个奢望，愿以后我们能把我们的睡觉作息时间慢慢的逐渐的拉近。你看，我昨天不是表现得很好吗？我不敢期望你改变习惯。我答应你，我设法改变我的。

写此信时，你在酣睡，愿上天给你平安。我是最爱小娃的。

梁实秋

一九七四年十二月十六日晨六时

我从不喜欢"人生如戏"的说法

菁清！我的小娃：

李抱忱先生要我翻译的那篇东西,有这样的几节——

醒起！我的心在对你歌唱,
你在我身边我就唱得好开心,
像快乐的草莓季节的时光
树枝发出的叹息微吟的声音。

你不高兴的时候,爱人,
我的心就黯然神伤,
像阴云投下了阴影,
遮暗了亮晶晶的流水一样。

你笑的时候,我的爱人,
我的愁心立刻发亮,
像寒风吹皱了的水纹
被阳光照亮了一样。

地在笑，水在笑，
我们头上的晴空也在笑，
但是如果你不再在我身边，
我便不会再笑了。

　　这是印第安人唱的一首情歌，简单而真挚，见 Long fellow 的 *The Song of Hiawatha*。我夜间不寐，读起这首歌，颇为感动。我昨天造访，看见你脸上有不豫之色，但是不久你又绽露了你那独有的笑容，我的心也在随着你的情绪而变化。

　　昨晚在台视共餐，看见好几位我不认识而在电视上常看到的男女演员，我发现他们在演戏时是一副样子，在不演戏时又是一副样子。我觉得还是不演戏时的本来面目比较可爱些。我从不喜欢"人生如戏"的那种说法，包括莎士比亚的 All the World's a stage。那句话，相反的，我以为我们应该说"戏如人生"。人生是严肃的，不能像戏似的那样演。如果人生真像一出戏，那戏的作者必是上帝，造物者作弄人的手段真是高强！它制造喜剧、悲剧、悲喜剧！

　　我今天要去白云山庄，看兰花、饮茶，我心不在此！这才是逢场作戏，浪费光阴——我的心在七层楼上（注：韩菁清住七楼）。我一度很爱兰花，不是艳丽的洋兰，是幽雅入画的剑兰，尤其是素心兰。如今，什么花我也不愿一顾了。

　　昨晚我送你回家，已十一时半，我只送到了你的大门口，没跟你上楼，你是不是生气了，小娃？

我是，你的　梁实秋
一九七四年十二月十八日

在生活方式上我是土头土脑的乡下人

菁清,我的小娃:

　　昨天我极度悲苦。一因那天送你回家没有送上楼,有欠周到,二因昨天没陪你去消夜,使你不快。说实话,在生活方式上,我是一个土头土脑的乡下人。我所拥有的一份资产是我的真挚的感情和崇高的敬意,除此以外可以说是一无所有。我最大的遗憾是年已老迈,精神体力俱不从心。缺了一点睡眠就狼狈成那个样子!这些话我不可以再写下去,因为我知道你不愿意看,你可能看到此地就发脾气把这信撕成粉碎。请你相信我,如果你真这样做,我认为那也是你的可爱处之一。

　　昨夜失眠,十二时我打电话给你,打了几次,没人接,是你拔下了插头避免外人打搅,还是出外消夜去了?我辗转反侧不能入睡,感情的煎熬一至于此!我大概是在你将入寝的时候我才迷迷糊糊的昏睡过去。今天头晕目眩,还要会客瞎聊,到六福客栈去应酬,——应酬,应酬,永无休的应酬!我所醉心的是 a table of two(注:两人聚餐,两人当指梁、韩)。

　　写至此,我胃病突发,暂且停笔,明日续写。

梁实秋
一九七四年十二月十九日晨八时

在恋人之间分不出施者和受者

菁清：

我今天好像是有许多许多话要对你说，但又不知说些什么好，又不知怎么说，更不知应否写在纸上。我刚冲了一杯苦苦的咖啡，吃了几片饼干，心神稍定，还是要写几个字给你，因为我知道你要看我的信。

西谚有云："施者比受者有福。"但是我问你，在一对深深相恋的人之间，谁是施者，谁是受者？你能分辨出来么？我不能。亲亲，我要求你仔细思量的事，现在我要求你莫再思量。镜子上写的字，已成陈迹，你不肯揩掉它，也许你有你的理由，我当然不敢勉强你，虽然我不免胡思乱想。你说我想得太多，是很多，但不太多。难道你在爽朗的笑声背后不常陷入于沉思么？

我写此信时，遥想你正在酣眠，像是一朵花在夜晚敛起它的花瓣，静静的散发它的缕缕的芳香。没有一丝的风吹拂你，没有一只蜂蝶趋附你，有无数天使在呵护你，给你平安，甚至于我的灵魂也被摈斥，不准擅入你的梦中。

再过三小时我就又可以和你相晤,你要我午睡之后再去看你,我只能谢谢你的美意。

我永远是你的　梁实秋
一九七四年十二月廿三日晨十时半

你的心情永远是爽朗的

我的菁清：

英文谚语 Three is a crowd，翻成中文恰好是"三人为众"。昨天我们有十小时在一起，却是在大众之中度过。我们的时间是分秒必争，所以我虽然已经睡下仍然穿戴起来陪你去消夜。我对你说了谎话（说我尚未睡），可是我现在招供出来，也就不为罪了吧？今天是圣诞前夕，我要在午后睡一下，免得夜里让你看到我打哈欠，那是极不礼貌的事，我知道。你那株圣诞树，上面的电灯泡闪闪发光，不知昨夜是几时熄灭了的？圣诞树下一定要堆许多许多纸包的礼物，然后有许多许多孩子垂涎于那些东西，才够意思。你说是不是？不过送这礼物的朋友也总算煞费苦心了。

今日阴雨，甚杀风景，送胡姐上山将又是在风风雨雨中，风雨也有趣，究竟凄凉一些。你的心情永远是爽朗的，应当配和着丽日晴空，没有人在你跟前而不沾染或多或少的欢欣，而受益最多的是我，而我还嫌不够多！如果贪是罪过，我的罪过滔天，不可逭也。

我是你的最忠实的　梁实秋
一九七四年十二月廿四日晨八时

你的寓所是我的天堂

我的菁清：

　　昨晚吃烤肉后到圆山饭店饮咖啡，虽然是六个人在一起乱哄哄的，有你在我身边，我也十分幸福了。你怪我说了太多的话，我非常惶恐，后来你说你听了我的话你很高兴，我才释然。我以后说话要谨慎些。其实我只是说出了实话，我引以自傲的话，没有一句谎话而已。我昨晚成了好几双眼睛凝视的对象，想要从我脸上发现些什么似的，我昂然挺胸，毫不躲闪，我有一脸的骄傲，一腔的热爱，此外别无所有。我不知道昨晚的一番考验，成绩及格否？

　　我今天太忙，一上午开会，还有一些杂事，无论如何要在午间尽快的回到我们的家——是你的寓所，也是我们的家，也是我的天堂。天堂是人人向往的所在，就是那不自量的阿兵哥（注：此处指韩菁清的歌迷），他想挤进天堂享受一份温暖，我也了解他之所以如此愚蠢，可怜的众生！我不能因为他的地位卑而特别的鄙视他，虽然他的行为令人反感。

　　原谅我今天不能多写，再过四个钟头我们又可以晤对了，我好快乐，快乐，快乐！

你的　梁实秋
一九七四年十二月廿八日晨八时

婚姻不是爱情的坟墓

我的菁清：

人人都说"婚姻是爱情的坟墓"，我不这样想，我知道你也不这样想。爱情像火，需要随时添加柴火煤炭，使它愈燃愈炽，即使风暴来袭也不会熄灭，如果火苗本来微细，那当然就会随时烟消火灭，禁不起风吹雨打，不需等到婚姻的考验，早就化为乌有了。我译过一部中古的爱情小说，《阿伯拉与哀绿绮思的情书》，书已绝版，我手里尚有一部，我希望你能读一下。你是我的最知心的读者，你在没认识我之前就认识我，像我在没认识你之前就知道你的名字一样。这个世界实在太小，萍水相逢，终于聚在一处。两股火聚在一起，变成更大的一股火，但愿能像太阳似的永久冒着光和热，以事实证明"婚姻为爱情的坟墓"之说为不可信。

写至此，来了八百多个电话和访客。我准备明天一早到你处，不打搅你，写两篇应酬文字，除了到你那里去写，简直无法交卷。

写至此，又来了两批客人，没有空再写下去了。一小时后我们又见面了。

你的　梁实秋
一九七四年十二月廿九日

我完全由着你,我的爱

我的菁清:

你去烫发,教我在家睡觉,我无论如何也睡不着,只好起来写信。拔掉两颗牙齿,现在一点也不痛了,我以前拔掉七颗牙,每次都有家人陪伴,如临大敌,这一次连拔两颗,有你和我做伴,格外顺利,我很高兴。在华国谈起结婚典礼,我赞美你的主张,我们不可顺从庸俗的作风,我们要作得美。凡事要自作主张,你从幼小的时候不就是喜欢独立自由反抗传统么?我也是这样的性格。我们现在合作,不要向传统庸俗作风屈服。这件事我听你安排,你怎样说我都无异议。我完全由着你,我的爱。

这屋里好静,到处都是你的照片,你以前的照片,我看了好喜欢,好爱,好心酸,好惆怅,好遗憾,好痛苦!你今天穿上了我们昨天买的新披风,你知道我心里有多么喜悦?质料并不佳,但是穿在你身上,美极了!

我是你的　梁实秋
一九七五年一月三日晚九时在家里独守空房

恋爱中的人没有不嫉妒的

我的菁清：

今天客人太多，拖到十点半才有工夫写信。昨晚忘了消夜，害得你胃疼，我好心痛。不知夜里睡得安否？我一直在记挂着你。

你说以后客厅里的照片（注：指韩菁清参加社会活动时的一些照片）之类要收拾起来，关于这件事我没有意见。这是一件小事，虽然也代表着较大的意义。我尊重你，你的任何决定都是我赞成的。你无需考虑我的感受。我的胸襟虽然狭隘，尚没有到了不能容纳任何沙粒微尘的地步。这些天来，你还没有窥察出么？恋爱中的人没有不嫉妒的，没有不拈酸吃醋的，因为那正是爱的一部分。问题在用什么方式表现那一股妒意，可以很粗野，可以很温柔，可以很强烈，可以很轻微，可以很直率，也可以很委婉，你给我看你过去的照片，我起初很高兴，但是很快的我心里起了变化，不禁悲从中来，潸然泪下，我知道我像是一个孩子一样，动不动的就哭，你该笑我痴。

今天是星期一，还有四天，我们就要相隔万里。"我是太阳你是月……不见又何妨？"那只是不负责任的歌咏，亲身体验，当另是一回事了。亲亲，千言万语，你多保重，为了你，也是为了我。

你的　梁实秋
一九七五年一月六日早十一时

你耐心的快乐的等着我

我的菁清：

今天整理行装，心乱如麻，这是我离台前最后给你的信，我心里十分伤感。明天我不打扰你，愿你一觉醒来我已经在天空飞翔，越飞越远。亲亲，我们彼此都有要求，并且都已允诺，不哭。我们试试看，离开之后能不能噙住眼泪，强作笑颜？亲亲，你放心，每一分钟每一秒，我的心都在你身上。我也确信，你对我也是一样。只是你独自在这里，我十二万分不放心，盼你小心谨慎，不要对人太宽，不要忘记你自己是一个极不平凡的人。有许多事，我叮嘱你：

　　1. 你要写信给我，每天写，但不必每天寄。我要知道你每日的作息情形，当然我也会随时写信给你。如果你过于疲乏，就不必写。要用同样的纸，以便保存。

　　2. 我渴望你晚上早些睡，先试试在十二时以前安眠，如果能睡得安稳，早晨十时左右可以起床。如果我回来发现你的起居时间稍为有些改变，我将大为喜悦。

　　3. 你的东西太多，不太需要的即可不必添置。我只要一把转椅，坐垫要软些。此外我也不再需要什么。

　　4. 我们结婚仪式一定要简单，盼不与任何人商量，而由我们自已决定，你同意？我当然是完全听你的意见。关于日期及其他细节，以后再谈。

5. 你以后晚上留什么人到家里来住，是我极关心的一件事。"小孩儿"人还不错，只是不能经常来，而且每天来的时期也不确定，他带来的人就不可靠。此事我无办法，只盼望你小心谨慎而已。

6. 陈姐尚忠实，可否考虑每日多留她工作数小时，给你烧一顿饭也是好的。多给她几百元即是。

7. 我剩余的一些新台币，开一张票留在你处，需用时就请用掉它，否则存起来留做钻戒的一部分。

8. 不可咬指甲，每次咬时就要想象你的人在旁边拉你的手！

今天客人不太多，电话不少。事情好多好多，真想请你来帮我。

最后，我斩钉截铁的告诉你：没有任何人任何事能妨碍我们的婚姻。我将在最早可能的时候回来办理我们的终身大事。亲亲，你等着我，耐心的等，快乐的等。

你的　梁实秋
一九七五年一月九日

不见又何妨

你好比太阳,我好比月亮,
虽然朝夕难相见,你我同在天上。
太阳最辉煌,月亮最明朗,
虽然朝夕难相见,你我同照四方!
不管地老天荒,那怕山远水长,
只要你我心一样,不见又何妨。
你好比太阳,我好比月亮,
只要你我莫相忘,不见又何妨!

——韩菁清

别离的滋味开始了

我最亲爱的菁清：

今晨一别，心如刀割。送行的人有二十几位，小胖子、林导演、大小关都到了，我很感激他们。大同的总务科长来为我服务，于两小时内为我办妥户籍（迁入大同工学院）及印鉴证明书，区公所的人都肯买账。大同开来两部车子。今天的《中国时报》登了我一段消息。

张佛千于十时送来包子给我吃，多亏他细心，否则等到午后两点才吃饭，饿瘪了！大家问我几时再回台湾，我说恕难预告，张佛千说他会知道的，因为"我走内线""我有暗码"，大家不知他何所指。

邱秀文在汽车里向我透露，我们的事新闻界已经传遍，因为新闻记者有人看到我们常在一处。故我们的事已成公开秘密，幸我们人缘好，报纸不肯使我们受窘耳。飞机迟了二十分钟，抵东京迟了一小时。海关的人发现我的名字，故根本未检查即予放行。到东京，大同办事处主任（我的学生）奉林挺生电特来招待，送我到旅馆，吃牛排（我的一份由西北招待），明天一上午陪我游览，午后一时许赴机场，三点多起飞赴美。这旅馆规模很大，设备很新，我住在十三楼,可惜没有你在身边,一代暴君(注:"一代暴君"原是由郎雄主演的电视连续剧。梁实秋看后,学郎雄的样子,学得很像,于是韩菁清戏称梁实秋为"一代暴君")兴趣索然。

亲亲,别离的滋味我们已开始尝受了!小胖子说你十点左右打电话给他,要他一定送我,他说你的声音哑了!我听了好心酸,你十点钟还没睡,还在记挂我,这怎么可以!你以后尽管想我,但我不准你耽误睡眠,听见没有?你缺了睡,头痛、胃痛,如何能教我放心得下!

你,我,如今都不是自由的人了,我们的心紧紧绾在一起。现在招待我的人被我打发走,赶紧写此数行,以免你为我担心。我一到美国境内立即写信给你,到达可能需时,你别着急。以后我每天都有信报告我的心里的和行为的活动状况。教小胖子这几天多陪你一些时候。急于付邮,不多及。即祝安好。

你的 梁实秋
一九七五年一月九日晚九时

(注:这是1975年1月10日梁实秋离开台北飞往西雅图,途经东京时,给韩菁清写的信。信末所署日期有误)

我们要建立圆满可羡的家庭

我的菁清：

　　自东京寄去航信，想已收到。我在东京睡了一夜，约睡九小时，但不甚熟，每隔一二小时辄醒，想念着你。真是别有一番滋味。十一日上午由大同公司驻东京办事的刘红财先生（也是我的学生）陪同我玩，先到靖国神社，次参观大陆汉唐壁画展，又登铁塔，午餐后即去机场。起飞后遇风暴逆流、动荡甚剧，咖啡一杯中倾溢。我一路心事重重；不能阖眼。抵西雅图后，女儿女婿在机场迎候。回家吃东西、洗澡、睡觉。午后，我和女儿谈到我们的事。她不反对你，称赞你的聪明可爱，但她怀疑你能否改变你的生活方式，能否洗尽铅华过一种异于往昔的生活？她问我："你不怕么？你可以很幸福，可以很悲惨，如果你以后痛苦，我也要痛苦……"说至此，她失声而哭。我把你送给她的毛笔给她了，她说："这是很珍贵的礼物，怪不好意思收受，只好道谢了。"她说她将不祝贺我的婚事，但将寄予最好的愿望（best wishes），因为她愿我们婚后永久幸福。幸福的关键在于我俩的生活方式能否协调。我告诉她：我们的婚事已成定局，不可改变，亦不容再考虑。至于生活方式，惟双方折衷互相体谅。她又问我：婚后万一不能达到理想境界，甚至一方使另一方不能忍受，则将奈何？我告诉她：我们往好处想。最后她含着泪说："爸爸，你太重感情了！"我说我是。除了感情之外，我还能有一丝一毫的存在么？菁清，我们要争气，我们务必要建立一个圆满可羡的家庭。

官司开庭尚无定期，大约不会等待太久。我预计端午节（六月十四）前几天回台。

晚上又与女儿长谈，她还是不放心我将来的遭遇，我告诉她你是一个善良的人，决不会做出对人不起的事，而且我们确是彼此真正的相爱。结果，我们彼此都哭成一团。我的女儿关心我。我不怪她，但是我很伤心。而且她警告我，年老体衰，未必能长久满足对方，届时将怎么办？她说这是应该早已计及的事。

菁清，你的信要在五天后才能到达，这几天我怎么过？此地下雪，今尚未停，今天要冒雪出去寄信，以免令人久待。

爱，你这两天是怎么过的？盼详告，越详愈好。我困极欲眠不多谈，即祝我的爱人安好。

你的　梁实秋
一九七五年一月十一日夜十一时

我想把你的灵魂拘了来

我的菁清：

我写给顾一樵先生一封信，副本附上，不知道他怎样答复我，我的意思只是透露一点消息给他，我猜想你要我写信给他也无非是这个意思。

我临行时潘琦君到机场送行，给了我两首打油诗，其一是："临行已订再来期，半为知交半为伊，宝岛风情无限意，添香红袖好吟诗。"我在飞机上无聊，信笔和了一首："行前早已数归期，肠断阳关未有诗，总是人间多遗恨！相逢不在少年时。"你说得对，如果相逢在少年时，岂不要弄得家破人亡？然而我所认为的遗恨终归是遗恨！你不这样想么？亲亲？

我昨夜失眠，从十二时起到四点不能入睡，我翻来覆去的想念你，我不知道此后几个月的时光将怎样打发。你给我的照片（大小一共三十张），放在我床头小几的抽屉里，一遍遍的取出看，遗憾的是多半乃以前旧摄，十一月廿七日以后的则一张也没有！你会不会忽然慈悲，寄一两张照片给我，以慰我的渴念？我不该有此奢望，因为我知道你不喜进照相馆，亦不欲请人拍照。所以还是不必给我寄了。我在东京照了不少张，俟我得到后捡些好的给你。在台北机场"中央社"记者给我照了两张，未必给我，可能已登在报上。

亲亲，我们已分别四天了，两天我在路上，比较还好过，到西雅图整整两天，我好难过，不是简单的寂寞，也不是物质方面的不舒适，是一种莫可形容的内心绞痛，我觉得你在紧紧的抓着我的心，一刻也不放松，你在拧我的心，你在啃我的心。我随时随地的默默的念着韩菁清三个字，可惜我不是魔术师，否则我会把你的灵魂拘了来。亲亲，你这几天是怎样过的？

我最不放心你的是你的生活方式有损你的健康，不可以常常吃那么多的药。常吃镇定剂是有害的。只因没有人经常的给你精神上的抚慰与物质的照料，所以你才不得已的与药丸为伍。菁清，你要为了使我安心而保重自己。你不用惦念我，我的健康会日有进步的，在饮食方面我的女儿管我极为尽心，在精神方面她也对我有同情，对你也有同情，她从没有对你有过半句轻蔑。她只是关心我日后的生活。爱，在我们别离的期间，假如有人来缠你，你怎么办？你告诉我，你曾经以这种想象中的情况来问过我作何感想，我答以很含浑的"各凭良心"四个字。因为我实在想不出别的方式表达我的心情。

西雅图很冷，今天我上邮局买了一百张邮票，预备每天寄一信给你，这一百张邮票用完时我们相见之日就不远了。有一件事你必须回答我：你想要的钻戒是几卡拉的？得便独自到店中去打听一下行情。我好早日设法筹集款子。我无论如何要买一个相当使你如意的戒指，再穷也要想办法。你必须早日给我一个估计的数目。

另包寄去一包我的作品，不完全，只一小部分，而且是平寄的，需两个月后方能递到。我的作品是我真正的财产。我愿祈求上天给我以寿命与健康，为了你再写出一些东西。

　　菁清，我盼望你的信来，有如大旱之望云霓。你给我一点"甘露"罢，我要渴死了！

你的　梁实秋
一九七五年一月十三日夜

附：

一樵吾兄：

　　久未函候，为念。弟近返台北一行，日前始回西雅图。在台两月有余，酬酢无虚夕。经友人介绍，得识韩菁清小姐，一月以来每日聚首。伊之身世，兄知最稔，可否见示一二？弟在此间屏当杂事，兼赶未完之写作，拟于端阳节前再返台北，此后即将往返于两地之间。匆此即祝
大安

弟　梁实秋顿首
一九七五年一月十三日

　　嫂夫人均此致候

好像全台北的人都跟着你走了

秋：

你走了，好像全台北的人都跟着你走了，我的家是一个空虚的家，这个城市也好冷落！"寻寻觅觅！冷冷清清！"

你的笑声、哭声、临别前的叮咛，重复重复在我耳际，挂断了电话后，我不能成眠，我脑海中出现的只有你的影子，八、九、十、十一这四个小时中，我无时无刻不想再拨电话给你，但是，你说你好怕听我的声音，我的声音会令你心碎。所以我忍了又忍，一再的忍，并且盯着床边的小钟发怔，数着秒、分、刻、时！我知道你所讲的都是实话，没有半句骗我的。可是，我整个上午电话插头依然不忍心拔下！我希望有个奇迹突然来临，那就是电话铃响。十时半是有电话来了，通话的人却是小胖子，失望之余，也算有一线希望，一个心愿没有达到，另一个心愿总算实现，他们四位替我送你也很好啊！至少在登机前，你能看到几个我集团里的亲切面孔呼唤你，"聊胜于无"。你不论是真的报以微笑？还是装出来的？至少他们回来说你是笑了。而且你要他们赶忙回来向我报告，不是么？

亲人，想不到我出生至今才在台北的字典里、书店里、莎士比亚戏剧全集里找到你，我唯一的亲人啊！我愿意和你厮守一世、二世、三世……八百多世……永远永远。亲人，你高兴吗？我要你高兴，我要使你高兴，你高兴，我才快乐，高兴快乐，才有健康，才有幸福。亲人，请你记得我所说的，我所希望的，因为不久的将来我们将要齐在一起创造我们的新宇宙、新园地！你能不给我这些我所需要的么？

　　临别前一天的信，你所提出来的要求，我全部答应并遵守，我是个很明理的"小娃"，何况你是如此痴狂的爱着我，这份爱我如何担当得起？我会听话的！我乖亦即是深爱着你，往后我不会太任性了，我绝不令你失望，因为你的失望，就是我的失败！我懂，我会保重。祝健康快乐如意。

你的　小亲亲
一九七五年元月十日夜十一时付邮

你是我整个的灵魂

我的菁清：

　　这两天我身体的疲乏休息过来了，反倒夜里睡不好觉，昨夜几乎彻夜失眠，这可怎好？我盼望你不是这样。告诉我，亲亲，你的饮食起居的情形，不厌其详，我要你每天抽出足够的时间给我写信，否则我真不知怎样能够生活下去！今天，明天，也许可以收到你的信了罢？

　　附给远东图书公司的一封信（永刚是浦先生之长子），请得便去走一趟，取回你要的书。其中汉英字典，可请远东代为包装付邮寄给Bobby（注：韩菁清胞弟之子韩光荣的英文名，其为韩菁清的养子），此外你还要什么书也可以随意索取？对远东我是不客气的，事实上我也很少很少对他们有所要求。你取完书就走，不要与他们多说话，唉，菁清，我真是不放心你，没有我陪着你，我就是不放心，你若问我不放心什么，我也说不出。

　　莎士比亚的诗集之一，"十四行诗"，全是情诗，有同性恋的，也有异性恋的，盼你得暇翻阅，最好先看我的序文。在英国文学里，这一诗集是稀有的瑰宝，其中有不少的关于爱情的警句。我相信你会爱读的。

　　你交给我的两瓶"百毒还"（注：日本生产的一种治疗便秘的

药），是不是要我寄给 Bobby，我忘记了。Bobby 的住址你也没有给我，我偷偷的记在我的小册里了，盼回信告我，即发寄去。同时你也写信给他，说明我们的关系。

爱，钟楼怪人出现没有？有人请你出去消夜没有？夜晚有人睡在你家里没有？我不放心，我不放心，我不放心！

你的 梁实秋
一九七五年一月十四日晨四时半

信刚写好预备付邮，接到你的第一封信，一月十日夜十一时付邮的信，我狂喜，我今夜一定可以睡一个甜蜜的大觉。菁清，我的爱，我把你的信放在嘴上吻了又吻，看见你的字，你说的话，你表达的情意，我好快乐！亲亲，我的爱人，你不仅是我的 better half（注：另一半，妻子），你是我的整个的灵魂。

十日上午我离台，心里又想打个电话给你，但是不敢打，除了哭我一个字也说不出。而且送行的人那么多，我也无法打电话。累你等候，真对不起你。

我写信嘱咐你的话，你说你全答应，我好心酸！我爱你！我愿你快乐。如果你听了我的话而不快乐，那么你就不要听我的话，我不怪你。

你寄的生日卡也同时收到了，我从来没有收到过这样美丽的贺卡，看信封上的邮戳是一月十一日下午一时付邮，你一定是临时上街买来的，亏你选得这样美的卡片！你在卡片上写的字尤其使我高兴得心突突跳而不能自已。其实生日还有好几天，我料想你未必记得。你竟这样的关心我，我感激你。菁清，我是深深的深深的爱着你！

赶快付邮，今晚再写。

你的 秋
一九七五年一月十四日上午十时

附：

家麟先生：

大驾南游，不知已回台北否？弟于十日离台北，东京住一夜，十一日安抵西雅图。此间冰雪载途，已是隆冬气象矣。

兹韩菁清小姐前来公司，乞赐接待。前送韩小姐《莎士比亚》一部，仅三十七册，尚缺诗集三册，请补送以成全璧。又韩小姐需要《汉字辞典》二册，其中一册请代为包装寄到美国，收件人姓名住址请问韩小姐便知。所有书价及邮费皆由我付，请记在我的账上，千万千万。此请

大安！

弟 梁实秋顿首
一九七五年一月十四日

如家麟先生尚未返台，请永刚世兄代为洽办为感。又及

冬天来到，春天还会远么

爱人：

　　昨夜我果然睡得很好，约六七小时，这是受你之赐，你的一封信和一张卡片驱走了我的不少的烦虑，使我安然的入眠。不知道我写给你的信是否也有同样的功用。爱，你写的信实在是很好，比我写得好，你的信不但真挚，而且有才气闪烁于字里行间。你的字我也喜欢，潇洒妩媚兼而有之。这不是盲目的称赞，是我真实的感受。

　　菁清，我这里好冷，雪后连下了三天的雨，雪已不见踪影，到处湿漉漉的，天上是阴沉沉的，这样的天气要继续很久。可是我的心里是温暖的，因为你占据着我的心。我一点都不夸张的说，我随时随刻的想着你，有时我情不自禁的对着我的女儿说"韩小姐……韩小姐……"她就笑我，她一定是在笑我为什么整天提到韩小姐。爱，我真想有一个人来和我谈谈你，胡姐也好，小胖子也好，谢妈妈、田妈妈也好，只要是认识你的人，我都会觉得亲切。我爱的是你一个人，但是附带着我对你周围的人也有好感。老实说，凡与你有关的一切对我都不生疏，你的房子我喜欢，你那乱七八糟的梳妆台、抽屉、衣柜……都使我觉得称心如意！有一桩事你也许没注意，你给我的那把牙刷成了我的恩物，每次使用都得到极大的满足。我要永久使用它，除非你再给我一把。

　　爱，我的工作尚未继续开始，心里不安，打算腊八过后重拾旧业，我相信你会愿意我努力工作。你鼓励我，爱，没有你的鼓励我任何事也做不下去。

　　在我们这短暂离别期间，我也愿你打起精神做一些你愿做的事，要练习写字就立刻开始，要写东西也可以，我若知道你已开始专心做某一种事，我会高兴的。爱，你有才，你聪明，你做什么都能做得好，我愿你集中精力做一两件事，你必有成就，否则是我瞎了眼！

　　亲亲，你能接受我的请求吗？如果你不知道从何开始，我建议你先试读莎士比亚的"十四行诗"，你会喜欢的，尤其是你想想那是我费心血译出的，我真无限光荣能得有你这样的一个忠实读者，那真是我万也想不到的殊荣！等我回去之后，我要每天陪你写字，因为我也有此嗜好。

（一九七五年一月十五日晨五时）

　　等你的第二封信，邮差老不来，故先将此信付邮，免劳你等候。爱人，好好保重，冬天来到，春天还会远么？

你的　秋
一九七五年一月十五日晨十时半

接机的人大大小小一定很热闹

人：

　　你今天已安抵西雅图了吧？接机的人大大小小一定很热闹，即使你旅途劳顿，拖着疲乏的脚步下机，当你第一眼看到了你所喜欢的人（注：此处指梁实秋次女梁文蔷），必然什么都会忘掉的，对吗？

　　今晚为你写信，却要明天寄出，因小孩们（注：指台湾电视公司演员班的小演员们）一个也不来，我将家中厅房的灯都开着壮胆，连垃圾也不敢倒，猫变了小老鼠，可笑不！

　　白天在家自己洗头，然后去水仙吹风，上次我们一同去买的大瓶洗头水很好用，泡沫多，又止痒，一百三十元（注：台币）十分合算，大概可用数十次，早已值回票价了！

　　《联合报》上登刊你预备将赔款作善举，我十分赞成，但是我希望你最好"为善不为人知"，亲自将款项交给最苦的人，而不上报纸，因为现在这个世界，到处都不太平，"善门难开"，一旦被人发觉你是个慈善家（也许"认为"二字较妥），往后的日子就不胜其烦了！我曾经有过许多经验，每次在捐款之后，什么不相干的人，也来围绕，"门户欲穿"！所以这几年我只在暗中帮忙人，永不再在报章出现我的义举。你看过关于我的参考书,应该感觉得到吧?我是希望你不要像我一样惹麻烦,我是善意的,请别误会?"不怕一万,只怕万一"!谁都知道"为善最乐","施比受更为有福"!不过,"树大招风","人怕出名猪怕肥",不可不防,你是我最亲的人,你该听信我的忠告,否则将来留给大同,作为清寒子弟奖学金,你说好不?要不然就交给文蔷小姐作决定,她也许有更好的见解。

昨晚小许和查碧新冒雨出去替你寄信的,深夜特别冻,也真难为了两个孩子,但他们听说是写给梁叔叔的信,跑得却相当快而且起劲。

小胖子昨天和今天均未见面,谢妈妈今天未打牌,下午就来电话约我去她家吃晚饭,我说有约,也许饭后去看她。我知道谢伯伯在家打牌,结果我十时半给谢妈妈电话,说家中有朋友,我不能去了,又要改天再见。我这样是否不大礼貌呢?人哪!你说?

今晚好冷,字写得好难看,且让我停笔吧!保重为你为我。

请代候府上各位好。

敬祝

安康

小娃
一九七五年一月十二日

我们两个组成一个独有的宇宙

菁清吾爱：

刚出门去寄第五号信，收到你的第三信。第二信未收到，哪里去了？是否那生日卡算是第二号？我计算日期及邮戳，那生日卡应算是第二封。

你说《联合报》刊载我捐赠赔款的消息，我手里没有《联合报》，以后报纸上如有关于我的任何报道，盼剪寄。为善不欲人知，正是我的主张，你劝告我的话完全对，我完全接受。我们两个不是一个圈子里的人，但是我和你在思想上和为人处世的态度上有许多不谋而合的地方。也许这是我们一见如故的缘由之一吧？你说。从现在起，我们可以说早已变成为一个圈子里的人了，不过这个圈子不是教育界、文化界、影歌界，而是我们两个所独有的一个宇宙。菁清，我们的生活要完全吻合在一起，毫无隔阂，毫无歧异，毫无差别，身心交融而为一体，这样我才满足，你呢？

谢妈妈偶然约你去晚饭，去一次也无妨。你推托不去，我也懂你的心，爱人，你的一举一动一颦一笑我都懂。我想谢妈妈请你，也是善意，不过出外消夜就太耗神，你说是不？我们离得这样远，两颗心又拉得这样近，真是苦恼。总之，我信任你，犹如你之信任我。

　　小胖子很奇怪，怎么两天也不见面，也许搬家未就绪之故。你待他很厚，有时说话不太客气令人难过。我希望小胖子、小关几个人常去看你，因为你一个人太孤单，我实在不放心。陈姐是不是现在就可以加她几个钱，请她晚上来做几小时工？主要的是做一顿晚饭。你这几天是怎样吃晚饭的？天天吃馆子也不是办法。自己做不但麻烦而且无味。所以多花几百元，教陈姐来做一顿晚饭，不但吃得好、省钱，而且家里也可以有人和你多做几小时的伴。你想一想，这样好不好？我回去之后，恐怕非如此安排不可，为什么不从现在就开始呢？这样做我也可以多放心一点。

　　你的第三号信是在家里写的么？为什么不用我给你留下的信封？我一看是 Emperors Hotel（注：香港的帝后饭店）的信封，吓我一大跳！

　　爱，你要我服用的肝得健，我天天吃，主要的倒不是为了补身，是为了这是你所推荐的，我不能不吃，我要你高兴。你看我乖不乖？

　　我的外孙说："我见了韩小姐，喊她做什么？可否喊她为大姐？"文蔷叱道："胡说！按年龄是该喊阿姨，按辈分应喊祖母。"外孙说："Very embarrassing（很窘）！"他们都问我，婚后要不要到美国来，我说要来，路过西雅图当谋一晤。我告诉他们，世界上没有一个人见了 Grace（注：韩菁清的英文名）而不喜欢她的。

　　张佛千先生来过没？你把住址给了他，我料想他不会不来。谈话要谨慎。我这样嘱咐你，你不会怪我罢？

　　爱，你这几夜睡眠如何，盼告我。我要知道你的生活细节，就

好像我日夜守在你身边一样,你不要嫌我"烦",我是

痴爱,狂爱,热爱你的　秋
一九七五年一月十五日午后二时

我署名一向连名带姓,表示郑重、认真、负责。现在好像不再有此形式上的必要,故简署一个秋字,好不?

首次梦到你如饮"甘露"

我最爱的菁清：

　　昨夜首次梦到你，如饮"甘露"，但是你不肯说话，蓦然惊觉，泪湿枕上！看看表是两点半，再也不能睡，只好起床，烧水吃东西。现在我面对着书桌上放着的你的照片——双手托腮的那张波斯猫，提笔写信以代喉舌。爱情究竟是快乐还是痛苦，大概是苦中有乐，乐中有苦，苦也好乐也好，我们俩是要永久的永久的爱。你若问我，我爱你爱到了什么地步，我只能引用伯朗宁夫人的几行诗（一个葡萄牙人的十四行诗，第四十三首）——

> I love thee with the breath,
> Smiles, tears, of all my life!
> 我爱你，用我这一生
> 所有的呼吸，微笑和眼泪！

　　呼吸是一时一刻不能停的，我对你的爱亦然。你曾问我，"你看我做什么？"我是在痴痴的爱。现在对着波斯猫的照片痴痴的爱！中美的时间不同，我算不出你此刻是在做什么，也许是躺在床上看画报，吃牛肉干，也许是捧着暖杯吃清茶，也许是正睡得甜，我猜想不出。我祈祷上天给你以平安快乐！我羡慕，嫉妒，那两个长耳朵的兔宝宝！

（一九七五年一月十六日晨三时）

喂，我留在你处的东西，有一袋是该洗的衣服，不知你发现没有？如未，乞交陈姐洗洗。

你说我返回西雅图时"第一眼看到了你所喜欢的人，必然什么都会忘掉的，对吗？"不对。我怎会忘掉你呢？而且来接我的是我的女儿女婿，我一见到他们我立刻就紧张起来，因为我预料到即将展开一场不算愉快的谈话。果然，尚未离机场就被发现手指上的一个大指环，而且手表也是新的，我坦承这是你的赠予。在归途汽车上一路谈的是这一件事。随后，每天都不能不提到你。现在有一件事已经弄清楚了，那即是我们俩确实是在恋爱中，认真的在恋爱中，另一件事是在端午左右我要回台北去完成我们的结婚手续。我初步决定，阳历五月卅一日（或六月七日）返台，法律手续万一届时不能办完，我也要如期动身，一切事留交女儿代理。我想我们的结婚日子就订在端午（阳历六月十四星期六），好不好？盼回信告诉我。

写至此，望见邮差来，急奔下楼，不料竟没有你的信！菁清，你知道我得不到你的信，这一天将是如何的难过！一定不是你没写，必是没有赶上班机，说不定明天可以同时收到你两封信。

我现在冒雨出去发这封信，免得你着急。菁清，我的爱人，我的心肝，我要喊你八百多声，亲爱的人儿！

你的　秋

一九七五年一月十六日晨十时半，极端失望中

把我的生命交给了你

菁清，我的爱：

今天没接到你的信，好难过，午饭胡乱吃过便倒在床上，抛卷而眠，一睡直到四点，昏昏沉沉迷迷荡荡晕晕糊糊。明天是假期，邮差不送信，后天才有希望收到你的信，我好苦啊！达令，我不知道我给你的信是否均已每天按时到达。是不是由陈姐取报纸时顺便取出送给你？以前我每次问你："我给你的信呢？"你总是说："丢了！"我知道这是戏言，但是我很难过，好像真的似的！爱，你总是这样调皮。你好可爱！

看你的第三信（一月十二日写），小许和查碧新晚上是住在你处，以后几天呢？他们是否也来住？是不是要你半夜三更的等门？我惦记，我不放心。我的女儿看出我有魂不守舍的样子，问我要不要提早回台北去，我告诉她在任何情形之下我一定要在端午之前阳历五月内回去。她也同情我，同情我们分离之苦。她笑我的神魂颠倒。从现在起到五月，足足的有四个月呀！我的天！

我从《女性》撕下来的介绍你的那篇文章，给文蔷看了。她说："'这两年她专心的为事业奔走台港两地，还陷入了爱河，对方是一位教授。'这教授当然不是你，是谁？"我不能答。我问过你，你说无其事。我心里还是七上八下的。也许是误传。文蔷对我说："以后你怕有得苦吃！"我告诉她：我信任你。真的，菁清，我信任你，我把我的性命交给了你！你曾有信给我，问我为什么把你当做神，请问一个女人能支配我的身心一切一切，她不是神是什么？俗语说："情人眼里出西施。"那真是世俗之见，你在我的眼里岂止是西施而已？

达令，我这几天没有做什么事，可是觉得很忙。忙着想你。情人在别离时才能最专心的咀嚼爱情的滋味。当我们在一起的时候，我们像是陷在爱里面，有如溺到没顶的一对，现在分离，像是两个人分别的爬上了岸，浑身是湿的，喘吁吁的，互相凝视着出神，准备着再跃进去，——爱河永浴！

（一九七五年一月十六日午后五时）

这一夜又睡的不好，只睡了四个多小时。

爱，有一件事我再叮嘱你，千万不可喝酒。只有在我们一起的时候可以喝一杯，此外在任何情况之下不可以喝，请记住我的话。同时我也以此自律。因为我发现我有喝酒浇愁的趋向——我最好的自制的方法是不教你喝，你既不喝，我如何敢喝？你给我的那一匣纸烟，一路上抽，现剩九支，我打算腊八日抽两支，我舍不得抽，因为那是你给我的。凡是你给我的，我一律珍视，视为神圣。

又有一件事，万一胡姐来，你绝不可以独自送她上山，因为下山时独自乘车是危险的。千万谨慎。

（十七日晨六时）

爱，十点时邮差居然来了，而没有你的信，我大为惊讶，接连两天没有信，菁清，你教我怎样活下去！是不是你病了？是不是你懒得写？亲亲，我希望明天能收到你的信。天哪，天哪，请你不要折磨我。

你的 秋

一九七五年一月十七日晨十时

倘有变，除非太阳从西边出来

我的菁清：

两天没得到你的信，我像是久未获得甘露的草，快要枯萎了。明天一定有你的信，否则我真的无法支持。今天是假期，文蔷无课，陪我上街购物，主要的是她想给我买一件衣服作为生日礼物，结果选来选去买了一件夹克式的上衣，累得我筋疲力竭。午饭吃了牛排，远不及我临行时和你在华泰饭店银河厅所享受的。又到一家小食品店买一大块牛肉，请切成薄片，预备腊八那天吃火锅。还有我在台湾两个月穿的那一身衣服，好脏好脏，交付干洗。归来睡一午觉，这一天就算过去了。我们谈的，完全是有关你与我的。今天收到陈之藩夫妇的信，他们知道我们的事，他们是我所认识人中之唯一同情我的人。他们说，只要有爱，什么事都别顾虑，什么人的话都别听。他们劝我早早返台，早早结婚。他们怕日久有变，那打击是我所承受不了的。我回信告诉他们，此事不会有变，除非太阳从西边出来。我们的事已传开了，几乎尽人皆知，我不怕，我引以为荣。我愿普天下人皆知，我和韩菁清深深的相爱。亲亲，你是否也这样想法？

（一九七五年一月十七日夜十时）

我睡不着，起床再写。爱人，我原说你要天天给我写信，但不必天天付邮，可积攒几页一并投邮。我现在反悔了，请你每天投邮。如果你没有工夫多写，写几个字也是好的，我迫切的希望每天能看到你的信。

（于十二时）

我的最可爱的小娃：

我夜里两点多钟就起来了，睡不着。这几天失眠相当严重，需要想个法子。你别着急，我的健康还是很好。昨天外出购物，店员误会文蔷是我的太太，把真相告诉他后，他大为吃惊，拍拍我的肩膀说："你保养得好。"你听了这消息，高兴不？

爱，我想念你，今晨我对着镜子模仿你走路的样子，同时抿起上嘴唇，仰着头，歪着头，微笑着。你对我说话时常是急促的咆哮，吼得我一愣一愣的，这我可不便模仿，否则被人听见，一个人在屋里吼叫，岂不是发疯了？爱，你为什么对我咆哮？是不是撒娇？我爱你，爱你的一切一切一切。

亲亲，今天是我们别离后的第九天了，这是我的第九封信，以后你看我的信的号码，即可知我们分离了多少天。

（十八日晨八时）

接到了第五号信，欣喜若狂！但是第四号未收到，哪里去了？你记不记得是由谁投邮筒的？我希望后天（明日星期）能补收到，否则丢了岂不糟糕？我寄给你的信是否均已到达？为防万一起见，以后我们的信件盼均不署真名，以免落在别人手中。好不好？我称你小娃，你称我秋或人。

陈姐能天天来住么？如果天天来，当然最好。请告诉她，她肯这样做，我感激她。我们可以提高她一些待遇，以示报酬。

林导演要你下月初做外景，这件事要看你的决心。你究竟想不想以后走拍片的路子，如果走这条路，这事不便推辞，因为可汲取经验。如果你以后不拟走这条路，宜明告他们，不可枝枝节节的应付。我尊重你的意见。如果南下拍片，这种苦你吃得消，并且一路上不会引出麻烦（我所说麻烦是指别人对你起什么念头之类），去一次也无妨，以后我们结婚之后再从长计议亦无不可。我一个人的私见，是希望我们婚后过平静安详的日子。我们要充分享受相爱的生活，一分一秒也不离开，永久永久日日夜夜相厮守。爱，你赞成么？总之，此事你独自决定，无论如何决定我都遵从。

钟楼怪人还要探什么消息？怪事。

你托人代你投寄信件，可能出岔子，第二号、第四号都未收到。以后如有较重要的信，最好自己投寄，否则陈姐比较可靠，告诉她投入红色信筒即可。别人未必可靠，为了好奇可能偷去不寄。

现在要去寄信，不写了。祝我的小娃平安快乐。

你的　秋

一九七五年一月十八日午前十时

我无心做事，也不想出门

秋：

只有你走的那天，气候最好。昨晚狂风暴雨，落了整个通宵，今天天好灰暗，白天都要开灯！虽然这两天来，晚上陈姐带了女儿来我家住，早上五时她们回家，中午她仍然照例上班，可是我一个人静下来的时候，好不是味道！

下午小胖子、大小关、林导演四人同来敲门，事先未电话连络，使我吃惊紧张了一阵。林导演仍坚决要我于下月初随大队南下出外景，我再三推辞家中无人照料。他要为我做一扇大铁门，前后门上锁再走。至于我说我要天天等信，他说叫公司的会计小姐，天天来开信箱，替我用限时专信转去。所以使我很为难了！教我如何是好呢？人哪！我真无心做事，也不想出门！

晚上谢伯伯独自在家，打电话来问候我，其实是探听一点消息，我没有多表示，讲的都是摸不着边沿的话，彼此哈哈讲过算数！中午张佛千也有电话，他想来看我，被我谢绝了！他说他收到你由东京给他的信，吃牛排时写的，确否？他又约星期六，我说下星期先电话连络再说可好？

此信是第五封信，我今晚特别不舒服。十二时小许来，我叫他寄了信后才能睡，让信早点陪伴你，也可减少多少寂寞吧？保重。
祝
幸运！

你的　小娃
一九七五年一月十五日

今天亲手交大关十本书，空邮挂号寄给你，二本日记本，我想不必寄了，因为现在已一月中旬，寄给你亦无用，而且太重！

小天使自天而降慑服了我

最亲爱的小娃：

你的第五号信（第四号尚未收到）提出了一个很难的难题，就是林导演坚邀你南下拍外景的事，不知此信到时你已经解决了没有？我知道你为难，当初答应了人家，如今又不想去。我希望你能作一明智的决定。无论怎样决定，我都同意，我不能使你在为难的情形下再加为难。爱，我想你能领略，为了爱你，我只知道使你快乐，他非所计。

明天是我生日，文蔷打破了前两年的例，自己做饭请客，除了家里五个人之外又请了五个客人，吃汆牛肉鱼虾火锅，然后下面。以前是顶多到中国馆子里吃碗牛肉面就算了。大概她意识到我在她家不能再住多久了。

朱良箴是我的学生，华美大厦是他代我租的，晚上常陪我看电视，后来晚上找不到我，才停止陪我。你记得我提起过的这个人么？她来信说："您如果选定韩小姐作为您的伴侣，我必执弟子礼事之。"我读了很受感动。凡是我的朋友学生，必定尊敬你，因为我尊敬你。他说的这句话只有一点毛病，"选定"二字并非事实，我没有"选"，是一位小天使自天而降，光艳夺目，她慑服了我，我五体投地的崇拜她!

爱,我到西雅图那一天,天气晴朗,以后一直变坏,风风雨雨,冰雪不停。台北的天气居然也是这样?是不是上天同情我们这一对爱人的分离?我屋里空气调节,总在六十几度(华氏),不算冷,你的家里是不是太冷一些?盼你多穿一件衣服,千万不要受寒。我看你每天起床之后披一件袍子在屋里走来走去,好像是不够暖和。小娃,你要注意冷暖,我不在你身边,你一切要靠你自己,我管不了你。我只是在几千里外惦记着你。

这信纸比较厚,我两面写,因为三张纸就嫌过重,两面写则一张可抵两页。我每天抽空就给你写信,一来是为你解闷,一来是为我自己,好像是和你晤言一室之内,好像是真的一样,明知是自欺,可是时间比较容易打发,而且从中我得到了快乐。你笑我痴么?我是痴。我痴痴的爱你。

陈之藩不知道我爱的是你,他瞎猜,一会儿猜是××,一会儿猜是×××。我如今揭开了谜底,不知他反应如何?俟他来信,我告诉你。

(一九七五年一月十八日午后五时)

小娃:今天是星期日,没有邮差送信,虽然是我的生日又有什么意思?我只希望明天能接到你的信,连同第四封在一起就好了。须下楼到厨房烧开水,发现文蔷已把腊八粥一碗碗的泡了起来,准备熬腊八粥。又烤出了两块蛋糕。今天早点全是甜的了,我相当头痛。爱,我好想在你楼下那家面馆吃一碗牛肉面!"我的家在忠孝东路……"你常听我哼这一句,你懂我的心情么?一个多月来,我往来于忠孝、仁爱之间，如今回想，不啻天堂！

我才走几天，×××就打电话给你求见，虽不必有恶意，至少他是在仰慕你。我有些后悔我们不该把住址告诉他。我希望你谨慎处理才好。自从你第五号信告我此事，我一直心里不安。

我想五月十日（星期六）回台湾，抵达时当是十二日（星期一）了，中间要跳一天。虽离那天还早，但我已开始一天一天的数了。爱，你是不是也在一天一天的数？我的心情很乱，什么事也作不下去，甚至看书报都无心。这样的苦恋，我没有经验过。又苦又甜，bitter sweet。

蓝地白点的床单，预备什么时候换？

昨天接到一电报，台北来的，吓我一大跳，打开一看原是远东公司同人贺我生日的交际电！我为你写给远东的信，你去过了没有？盼将详情见告。×××说，二十（日）左右返台。你万一见到他，最好不要把你的住址及电话告诉他，以免麻烦。你的住址电话越让人少知道越好。是不是？

今天我将忙一整天，午饭我请家人外出吃饭，晚上家中请客。明天起，试图恢复工作，否则太不像话了。

爱，每天给我一信，千万千万，这是我的食粮，请千万别饿死我！

你的　秋
一九七五年一月十九日晨六时

某些地方我相当保守

秋：

　　一天又在凄风苦雨中过去，大小关、小胖子、正副导演，整个下午都在家陪我，他们下棋，我没兴趣，除了和不下棋的小关、小胖子聊天之外，我们就放放唱片，谈话的内容，也总离不了你，不知你的耳朵可热？

　　昨晚是陈姐的一双儿女在家陪我，因为过了十二时，我就拒绝等小许了！昨晚的信，早上由陈姐的儿子，在清晨五时带出去的，想必会先此信收到。

　　我们已整个星期不见，这几天我仍然没有习惯下来，你呢？恐怕我们都要经过一段日子，才可勉强适应这日常生活吧？

　　请放心，我不会胡作妄为的，虽然我是新时代的人物，某些地方我却相当保守，这大概是天性，也是多少受了封建家庭的影响所致。

　　煎饼有信来，他本想揩油你一本字典，不想交给 Amy 的，为了保持君子风度，不敢下手，结果原封不动，将所有托带的东西，都交给 Amy 了，他在信里对你大为称赞，同时也恭喜我们，想必香港人也知道了！好好保重身体，精神好不妨多写些信给我，有时稍觉疲劳，则不要勉强执笔。我没有在你身边，当心，你等于没有一位可靠的大夫！（对不？）

每餐不要忘记饭前服肝得健，睡眠一定要充足。亲爱的，我好爱你，再谈，祝

幸福！

你的　小娃

一九七五年一月十六日

连同信封,我都视如拱璧

我的小娃:

　　此信大约是第十一号罢,我记不清了。你看日分衔接,就对。昨天腊八,整天乱哄哄,可是身边没有你,我不愉快。有一位客人问我:"朋友们提起您的喜讯,结论是事出有因,查无实据。"我告诉他,"有实据",就没有再说下去。其余的客人没有提起。又有两个人打长途电话来祝寿,我隐约的透露一点,没说姓名。我把祝寿卡立在我的书桌上一大排,你的最大,最美,最先到,最令我喜欢。我把波斯猫手托香腮的相片(已配框)立在卡片前面,你看我有多么骄傲!

　　渴望今天能收到你的信。你的信,连同信封,我都视如拱璧,放在一个卷宗夹子里,置于案头,不时取阅,我相信有不少段落已可背诵。

(一九七五年一月廿日晨五时)

　　早晨太阳出来了一阵,知是好兆头,果然,你的六号信到了。可是四号信未收到,丢了?被人偷去了?我心里好难过。我每天都有信给你,不知是否已开始收到。航机不准时,可能有一天收不到信，你别着急。我一时一刻的不能忘记你！

小胖等四人陪你，实在可感。务必请你告诉他们，我衷心感激。凡是有人对你真诚的效劳，我如同身受，比身受更为感激。我现在无忧无虑，所忧虑者只是你太孤单。陈姐也是好人，她的子女肯来陪你。在最近期间，你无事不要外出，夜晚尤其小心，能不出门最好。我五月十日一定回去，任何人任何事也拦不住我。爱，请忍耐三个多月，我们即可聚首。我的行期不要向外人透露（小胖等可以不瞒），因为我打算只要你到机场接我。我原答应你端午节左右回去，现定五月十日，是在端午前一个多月！你高兴不，小娃？一共一百多天，我们耐心等着罢。我相信，这等待也不是没有代价的，这将增加我们的未来的幸福。我真不能想象，我们久别重逢时将是怎样的快乐，你须要陪我共饮一杯 Royal Salute（注：苏格兰威士忌名酒）……

我昨天午饭后，拿出一支粉红色香烟抽吸，好得意。文蔷甚为惊讶，没有问，心里明白。现尚剩八支，我预备五月十日在你面前再抽。

肝得健没忘记吃，你的嘱咐我怎能忘，尤其是于我健康有关，为了你我要保重我自己，这道理我明白。

煎饼这人不错。他要字典，我送他一本即是，你到远东取书时可以多取一本，并嘱远东代寄。

我要出去寄信，顺便散步，这是我每日的功课。祝
我的小亲亲安好！

你的　秋
一九七五年一月廿日晨十时

人是应该经得起考验才对

亲爱的人：

好不习惯的过了两天，一个人前面跑到后面，再由北边兜到南边。如果风不太大，西楼就是我散步的地方！昨天望着晴空，数过十六架飞机在头顶掠过！今天虽然偶而停留在露台，亦看到五架飞机飞得极低，一抬头就看见机上的标志，很明显。人，你觉得我孩子气？还是很傻？

整天未出楼下大门，整天穿着你留给我的丝绵袄，温暖、舒适，"像真的一样"，好潇洒，晚上看了整出台视剧场。等小许的电话，然后为你写信，等他来了，第一件事，就是将此信先投邮，让它早日到达你的手中。

昨天在羽田机场，有人接你没有？睡得好不好？我晚上以为你可能睡醒后，给我打电话，因此整夜未拔插头。谢妈妈昨晚电邀消夜，我谢绝了她的好意，推说我已吃得太饱，不能再吃，改天她再赢钱时再说。谢伯伯未通话，我和谢妈妈简单的谈了几句，就挂上了！其实她下午也曾在一时半打过电话，她以为你 4:50P.M. 才起飞哩！

哦！还忘了告诉你，昨天下午我去市银行，总经理不在，王科长（女）特地过来招待，她是我的同乡，对我极为关怀。她听谢伯伯谈到了我们的事，她极为赞成。她倒没有觉得你的年龄是我们之间的阻碍，她只是不愿意我住到美国去就是。她哪里知道我们根本就不愿意住在美国呀！

我很想静下来之后，再去读读英文，或者是写写毛笔字。林导演要南下拍外景，我不想去，第一，是不能天天为你写信，与天天读你的信。第二，是家中找不到适当的人看守门户，年关将至，应该加倍谨慎，你说是不？

新闻气象报告，东京气候是0度至5度（摄氏），大阪已零下1度，你住的地方及车中、机场里面，全部像春夏，我不必担心你受凉。但不知你有否在 4:00 A.M.—5:00 A.M. 散步于街道上，那就会寒风侵骨，不堪一冻了！这是我过去在东京的经验，白天有时在雪地里玩雪，则又没有冷的感觉，你说奇怪么？那就是专心的缘故吧？

我是拉到什么纸，就是什么纸，写信给你，请你原谅，我没有照你意思统一，将来易编排、合订！因为我过去朋友们送过我不知多少漂亮的信笺，而自己呢？又经常住第一流大观光饭店，去一次就向他们要一大堆信封信纸。人，你想象得到某些场合，我总是不肯放过人家，这大概是女孩子，就专门喜欢贪小便宜吧？有时男生也会呢！

好想念你，今天《联合报》上有你一段，你说过了夏天才来台。真的吗？那样也好，不用太心急，一切应该按部就班，人是应该经得起考验才对的。好好保重，不要伤心难受，我一定等你回来。

祝

愉快！

小娃

一九七五年一月十一日

我们是两个极端，东西半球的人

亲爱的亲人：

　　总算让我等到了我所需要的精神粮食了！每天叫陈姐楼上楼下，跑了不知多少回？结果今晚被她儿子发现了你的信，他还未进门，就向我要锁匙开信箱，你想想你的来信，对每个人都是如此重要，该很高兴吧？

　　我们的事，我相信极少的人，会表示赞同的，你方面的人护着你，我方面的人，也护着我，我懂，别人也没有什么坏意，只是我们是两个极端，东西半球的人。要想生活在一起，也的确是很不易的。但是我们双方都付出了相当的感情和爱，如何又能收得回来？这就是别人所不能了解的。

　　不到五个月的时间，我们可再相聚，我极为高兴，人哪！我从今天起在数着你的归期！我等着你！

　　自你离开后，我未曾出外吃过一餐饭，或饮过一次茶，更何况消夜！亲爱的，你满意我如此行为否？昨晚十一时半躺在床上，忘了拔电话插头，谢伯伯电话来约我去梅子，说谢妈妈十分钟后也到梅子，要我马上去吃稀饭。我说天好冷，我已睡到被窝里了！他有点不相信，最后他说是否你不在，我无兴趣做任何事？我说"大概是",他哈哈笑了,我也就收了线。

秋,我好乖。我是你最乖的孩子,你不要担心我。好好保重身体,为了我俩未来的幸福,我们要互相珍重。

你留在这里的东西,我时刻都要看看、摸摸,丝棉袄是一天到晚穿在身上的,吃每块饼干,喝每口茶,都会令我回味无穷!我的亲人,我和你是这么亲,又岂是当初读你的著作所能料到的?你的字典中,怎么找不到一个形容我的心的名词啊!再谈,祝

幸运!

你一人的 小娃
一九七五年一月十七日

P.S."十二本书是林导演亲自寄的空邮挂号,价值却写了七千台币,似乎不合理吧?"

一天的质超过一年的量

我唯一的人：

我今天一起床，就往楼下跑，曾经我好像对你说过，我有第六感（觉）的，果真今天又灵验了！一看信箱挤得满满的，除了报纸，共有五封信，一封是 Amy 谢谢你的字典，另一封是煎饼向我索取你的字典，还有那三封信呢？你猜得到是谁写给我的吧？那就是"我的他"。喂，你会不会吃醋啊！三封信的内容不一，爱的深度却不二，人哪！我好快乐，今天是个好丰富的周末，因为我是头、二、三奖的得主，你该恭喜我才对哩！

明天是你的生日，我会喝着腊八粥，心里默祝你、想念你。小胖子他们如有空，我会邀请他们多来几个人，热闹一番。

很高兴你欣赏我寄给你的生日卡，那个圆圈圈将来可以将我们的照片放进里面。上面的词句，似乎是太简单一点，英文不通顺的我，看来却感到意思不凡，重质不重量对么？

平时中美两地信件，总需一星期至九天，很难得碰上五天的，怎想到它在短短的四天中，就到达了，真是"皇天不负苦心人"啊！"精诚所至，金石为开"，对不对？我的人！

你所认为的遗憾，我不赞同。我觉得一切都是天意、缘分！早开花、早结果、早凋谢！现在我们正逢其时，相见不晚，好好的善待对方，疼爱对方，一天的质，超过一年的量。我们快快乐乐的在一起，不干扰第三者，不牵连许多人。这种纯真、朴实，看来好简单，其实有深度的爱，不更好么？

我不要你为我太破费买钻戒了！在婚礼中你为我戴上一只刻有梁实秋的细细指环即可。许多女人戴了大钻戒，是炫耀自己的身价财富。过去我有过十四克拉的钻戒，一年戴不了三两回。在家怕偷，出外怕抢，结果我卖了，买了房子。现在即使我双手空空，人家也不会说我"穷斯滥矣"（注：广东话，"小人"之意）！秋，我好明白你疼我超过一切的人，我拥有你，我好满足，如果说首饰是我心爱的，倒不如说你是我心爱的！如果说钻石的光芒万丈，倒不如说梁实秋的光芒盖罩一切。秋，我不是乱花钱的人，尤其是你的钱，一个个字，一滴滴汗，绞尽脑汁，费煞精神，花了不少心机，写成的、译成的，用你的钱，我会心痛，较我用自己的钱心疼万倍！秋，我不否认我也有一般女孩子的虚荣心，但是要看在什么地方？我任性、好胜、好强，是我的弱点，也是我的优点！我任性的爱上了你，我不会轻信别人的闲话，我得到了你整个的心和爱情，就是我好胜好强的表现，不是么？

乖，不要虐待自己的精神，想到不久的将来，我们重聚在一起的欢乐，你应该展开笑脸。"愁一愁，白了头" "笑一笑，少一少"（少年之少）。亲人哪，从今以后，不愁、不哭，行么？答应我。

这几天没有人来纠缠我了！害单思病者，大概收到了朱老师和我托人写的信后，才打消求婚的主意（十二号中午，他在楼下告诉陈姐，说我和他同窗半载，印象良好，非我不娶，吓坏了陈姐。他说他每天都要在巷子里等我,等见到我后,当面求婚)。

昨晚是陈姐儿子在家陪我的,小胖子来吃晚饭,饭后,我托他将你的信投在巷口邮筒。这封信我预备晚饭后和陈姐去总局投邮,计程车来回,兜兜风、解解闷。

秋,我代你管我自己,我不做任何你不喜欢的事,我约束自己好严,希望你将来嘉奖,好吗?明天再写。

祝
安康!

你的小娃　菁清
一九七五年一月十八日

"二瓶药丸是 Bobby 的,你抄的地址是没错,我于十三号写了一封长信给他,已告诉我们今夏的婚姻大事,我想他会喜欢你,因为他很敬仰你的。"

我对你的爱是永久而且无限的

我的小娃：

附上一张照片，我问你，你怎样处置？是否照往常一样！"丢啦，从阳台上丢下去啦！"抑是塞在那乱七八糟的抽屉里？还是竖立在你日常晨昏都容易看到的地方？或是放在玻璃板下大家都容易看到的地方？你告诉我。

我今天出去寄信，买信封，付账的时候女店员一把抓住我的手，仔细端详我的指环，说"好美，好美！"我心里想，"你只知道指环美，你不知道给我指环的人有多么美！"我好得意。喂，顾一樵没有回信，我想他是难于措词，索性不复。你有没有给他写信？他既然不复我信，我也就不再给他写信了，除非我们有正式请柬的时候。请柬是要发给他一份的。

那两瓶"百毒还"已于今日寄给光荣，因为我用力想，你是要我寄给他的，所以不等你的指示径自寄去，包裹面上写的是 Grace Han c/o Shih-chiu Liang 所寄，他一看就明白了。你写信时盼提一句，他收到后请你告我一声。关于他的消息请你也随时通知我，他是和你的儿子一样，我当然也关切。

你每次来信，都是在上午九时许送达，除了星期六以外，家里只有我一个人,所以没有人知道或看见。就是星期六,家人多在睡中,也还是我一个人接收邮件。邮差一来,我先从楼上窗里窥见,兴奋极了,急奔下楼,从信箱取出大叠的信件,我来不及返回屋内就在外面站着检视,看看有没有我所企盼的信。若有,我即狂喜;若无,则嗒然若丧,终日不乐。可是回到屋里依然提笔作书,好像收到来信一般。爱,我给你的信,你可曾在闲的时候取出来重读?有没有被别人看过?我计算着日期,你此刻应已收到我至少五六封了,可是还没有收到你的一封复信。邮件慢,好急人!

昨夜噩梦,心里难过,梦见你和别人谈笑,不理我,醒来有泪沾枕。人说昼有所思,夜则成梦,我白天并未想到这样的事,何以有此怪梦?有梦,比没有好些,究竟在梦里看到了你。

(一月廿一日午后三时)

我写了一篇小文"路过东京"约三千字,寄给《联合报》了,因为你有《联合报》,大约须在两星期后方可刊出,如果看到请剪下寄给我,注明年月日。随便写的,聊作纪念,同时也算应酬了《联合报》。还要再写两篇东西应酬《中国时报》与《中华日报》。做文人也很苦,有时不能不应付。新闻界的人都对我好。我禁不得人家对我好。

昨天没得到你的信,也有好处,好在失望之余增加了今天必定能得来信的希望。乞求上苍,今天可别教我失望!!

(一月廿二日早五时)

我的天,一下子收到了你的五封信!我以为遗失了的第二号第五号都收到了。此外还有第七第八两封,第九封未收到。第十封是两段剪报,你因血压高未写字。

爱,你为何血压又高了?千万保重。我对你的爱是永久而且无限的。没有任何事能破坏我们的婚姻。我现在急着去寄信,下封信再谈。

你的爱人 秋

一九七五年一月廿二日上午十时

读你的信好开心，看到了报纸好伤心

秋：

中午收到第六封信，下午三时收到第五封。虽然今天只有两封信，但是内容好丰富，信写得长、情亦长，我好开心。特别是你的生日，我喝着你送给我的腊八粥，重复地，一遍遍地看着你的信，虽然心酸，亦觉甜蜜。人哪！你真好，我怎么舍得不爱你，不对你特别好呢？

这张信笺上的小娃，身材美不美？你喜不喜欢？她可不可以代表我来安慰你？满足那好烦又好坏的"一代暴君"？亲爱的：我多么需要你亲亲！请看看小娃的小嘴，你过去不也曾学得很像么？就是这个模样儿吧？

你走后，我还不曾咬过手指，这是听话之一。也不曾出去吃饭、消夜，此其二。那只大理石的盘子，早在你走的那一天，就放在我的二个瓷像当中。今晚小胖子带小萍和小姨子，来吃晚饭，我将电唱机送给他家。因此我的瓷像和你的寿盘都将保藏起来，等将来有台子或茶几，再陈列，你会见怪么？不过，我先未征求你的同意就做了，告诉你也是多余！不过告诉还是归告诉，为的是你要我写得详细些对么？

昨天十二时半（深夜），《联合报》记者打电话到《华报》，找猫庵（注：时任《华报》总编辑黄转陶的笔名）问我家电话，猫庵拒绝告诉！后来十二点三刻，记者又打电话到陈克家府上，陈亦推说不知，因为半夜三更采访消息，实在令人有些恐惧。今天翻开社会版，果然有我们的消息，不过，这种记载，似乎与事实太不一样了！简直是歪曲的。爱，附上剪报，今天的，和十一日的，请查阅，请你拜托记者，不要再用这种笔调来写我们好么！

读你的信好开心，看到了报纸好伤心！我如果不是为了我们双方真挚纯洁伟大的爱心，我真想中途放弃！我自己都不会照顾自己，如何会照顾到你呢？你需要照顾，（即使）做事稳健的结婚对象，也实在是应该经过一番考虑才对啊？适合你的人，该是教授、博士、护士，我什么都不是，我只是一个读过五六年书，在外面靠自己能力谋生的一个小娃，懂得太少了！

亲爱的，我被人贬得好低，在这段文字中，我觉得我们是不相称的，"不会在短期内成为事实"，现在你回头还来得及啊！

请恕我心乱如麻，无法将信写得连贯统一。暂时停笔吧。祝生日快乐！永远快乐！

小娃

一九七五年一月十九日

"今后我知道我会不胜其烦的受着新闻的困扰了！怎么办？你能请他们爱护我一点么？亲人哪！"

你是我心目中最可爱可敬的对象

我的爱：

刚刚寄出十四号信，就收到了你的九、十、十一三封信，好高兴，打开一看，《联合报》的歪曲报导使我大吃一惊，不知是什么人如此恶作剧，其中对你不敬最使我愤怒。菁清，你在我的心中占据最崇高的地位，我不知道为什么自从见你之后，我就觉得你是我心目中最可爱可敬的对象，我爱你爱到了崇拜的地步。如今有人侵犯你，那即是侵犯我。我气得浑身发抖。我请求你，千万保重！这种闲言闲语，不要认真。我猜想发这消息的人，可能是蓄意破坏我们的婚事。我现在想到的应付方法是：

（一）《中央》《中国时报》《中华日报》，我都有熟人，我立即请他们不要发表任何有关我们的消息。

（二）《联合报》社长王惕吾处，我去一函辩明事实，告以我们不久即将结婚，以后勿再乱发消息。

（三）我们立刻在报端刊登订婚启事，以息谣传。（但注意刊登广告手续，以免节外生枝。）

（四）我写信给林海音澄清谣传，因为《国语日报》也登了消息。

（五）如果你同意，我立即赶回台北，立即结婚。（关于这里打官司的事，我可委托文蔷代表进行和解。）

爱，我们两个人都是为名所累，否则我们的私事，何劳报纸渲染？你受了委屈，我当然心痛之极，希望你保重，并且要想这份苦恼不是你一个人的，我在陪着你受。我不是早就一再对你说，任何人任何事不能阻止我们的婚姻。现在我俩在接受考验，爱，我们不怕。我唯一怕的是，你要一个人在台北，我怕你受不了，我请你千万千万为了我，不要气坏了身子。你要听我的话。你要稳住了气，别冲动，你要信任我，别胡思乱想。记者的访问，一概谢绝。别发表谈话。

小胖子有信来，他吓坏了，说你竟骂他，他要我写信安慰你。我已复了他一信。

我给王惕吾先生写一信，副本附上一阅。可能有点效力。

爱，我急于发信，不再多写。最后嘱咐你一句话，海枯石烂，你是我的爱人，我是你的爱人，我们两颗心永久永久凝结在一起。别人挑拨，别人诬蔑，没有用。菁清，你是我的未婚妻，我是你的未婚夫，我们现在仅只缺法律手续而已。怕什么！？多多保重。

你的　梁实秋
一九七五年一月廿三日午后一时赴邮局
发航空快信。我饭也没吃，午觉也
不睡了！我相信我的血压也升高了！

名誉是人的第二生命

全世界最最爱我的人：

昨天收到你第七号信，本应立刻回复，可惜我眼睛红肿，怕见亮光，所以只附上了 K 君的信，仅在信封上祝好问安，非常失礼，请勿见怪。

我的第二封信收到没有？是小许与小查冒雨在深夜丢在巷口邮筒的，我问他们，有否丢到里面？他们异口同声都说"还用手伸到里面摸过"。如果收不到，真是怪事！也是憾事！

你生日那天，我写信写得很不好，或许有失言之处，但是你若发现我这几天的情绪，你会同情我！怜惜我！原谅我的！

昨天由中午到晚上，记者们的电话采访，未曾停过，我的口齿并不伶俐，不知如何答复？怕失掉自己的尊严，又怕别人言语中冒犯你，这种尴尬之事，今生第一次遇到！

人，我想还是你自己写一篇稿子，寄到联副（注：《联合报》副刊）好吗？不要提到第三者，更不要提及其他与我们无关之事，我只请你发表一下你对我的"印象"和"感觉"就行；否则"道听途说""流言四起"对我们是很不利的！名誉是人的第二生命：我受不了！即使想振作、想争气，亦等不到将来，我早已是凋零的落花！

亲爱的：任何情况和环境之下，我都深深的爱着你，而且永远敬重你。结婚只是一种形式，一纸合同。没有爱，没有信任，结婚无益！有了爱，有了信任，在我看来这种表面上的东西，并不一定需要。与其被人"耍狗熊""看热闹"，倒不如我们两人静静的相处在一起，与世无争，与人无争！

以上都是我的肺腑之言，我虽然在你眼中永远是"小女儿"，但是我并不是太不讲理，或没有灵性的小娃啊！我是有血有肉、有骨气的、活生生的、你的恋人啊！岂可对你不忠？不利？

我没有到任何游宴场所去过！除了小胖子和小许、陈姐他们一行人之外，我没有接见任何人，你不在我身边已十二足天了！我只看了一次医生，洗过一次头，没有能使我发生兴趣的事！短期内，我不会做事！不会读书，不会写毛笔字，因为我好烦！好闷！大部分时间我是拔掉电话插头的，锁匙不会再交给别人。姨妈替表妹来过电话解释（见到《联合报》后打来的），他们希望来我家，但是我说我精神不好，需休息，无法陪人聊天，所以只有扫她们的兴，改天再说。

亲人：无人比你对我再亲，无人像你对我在你心中占有的地位重要，更无人会比你更疼我。因此，我爱你之心永不移！保重。

祝
健康！

全世界最爱你的　小娃
一九七五年一月廿一日下午四时

我是一个最爱家的人，你就是我的家

菁清，我的爱人：

今天是我们的纪念日，你知道么？十一月二十七，到今天整整两个月！仅仅两个月，时间不算长，但是你去问普天下的情人，古往今来，有谁在两个月之内享受过我们所享受到的爱情滋味之丰盛？小娃，从我们整个的生活而论，我们的爱方在萌芽阶段，两个月只好算是萌芽阶段，以后我们要小心翼翼的保护它，灌溉它，修理它，让它发扬滋长，让它开花，让它结果，好不好？

两个月之间，有十七天分离，预料还约有一百天的分离，亲亲，我们两人合作，互相安慰鼓励把这一百天度过去，然后就是我们的好过的日子了，你想想看，我们俩日日夜夜厮守在一起（能不有第三者的时候永远不要有第三者在我们面前晃来晃去）那将是何等的快乐！我是一个最爱家的人，你就是我的家。今天晴，可是我不痛快，因为没有得到你的信，希望明天能拿到两封。最近几天，我有异样感觉，我有一点怕拆看你的信，怕你血压高眼睛肿的消息，我心痛！菁清，你听我的话，打起精神，无论做些什么事都好！但是要愉快，不可哀伤。你若是哀伤，将使我好难受好难受！把自己关在屋子里不是办法，找胡姐去聊天，不是也很好吗？约她下山，然后找小胖陪你送她上山。（千万不可独自夜晚要计程车。）

（一月廿六日午后）

我已和文蔷商量过，三月初或中旬拟运回大木箱一个，海运需时日，收件处拟即用你的住址，可否请告我。大约在我返回后才能运到。有些东西根本不必运回，只挑有用的运回也。你希望我带回些什么东西亦请早日想想，随时告我以便早日准备。

（一月廿六日晚）

顷收到你三封信，我激动的手颤，写字都不成形了。第十三号信（一月廿一日），第十五号（一月廿三日），第十七号（一月廿四日夜十一时）同时收到。十四、十六均尚未到，第十七号是快信，专人送来，早收到五分钟。我现在根据第十七号信扼要答你：

你要我三月底四月初来台，我一定照办。我初步决定：三月二十九日或四月五日飞台，是星期六，临行前当再有专函报告。我知道你被记者们搅得精神痛苦，我心痛万分，恨不得立刻插翅归来，我要保护你，和你分担一切的痛苦，甚至我一个人独担一切。我们的婚姻是自然的，没有任何勉强，双方自愿，干他人何事！？我今天接到一大堆信，也有匿名的，我看了气得要死！以后我都带回给你看。这个世界，太虚伪，太残酷，太多管闲事了。我本想在结婚时发表一个书面谈话，现在我想等不了那么久，我马上就写，完稿后先寄给你看。（我忽然想到，我的信可能有被人偷的可能，你那信箱不是顶牢固可靠的）是否在邮局租一信箱？你考虑一下。

我现在去寄信，暂停笔，下午再写。菁清，我的爱，我愿指天誓地对你说，我衷心的爱你，永久永久不变。你不要难过，要为了我而保持你的愉快心情，我不要你愁苦，爱人！

       我是你唯一的人　秋
    一九七五年一月廿七日上午十时半

我不要你以物质来博取我的欢心

亲爱的人：

　　十九号晨六时的信刚收到。本来我先要写信的，因为我这几天都睡不太熟，早上八时半醒了，躺在床上胡思乱想。为了怕咬手指，就索性起床，叫木工来修衣柜，修写字台，搬衣物整理房间，弄了好久。所以直等到你的信来了才开笔，并不是故意搭架子啊！

　　为了使你安心，我自己决定不去当副导演了！我不能给你好处，至少不能害你！害你茶饭不思，害你失眠，害你不能专心写作，害你痛苦！害你流泪，害你有饮酒浇愁的趋向，都不是我所想的！我愿意你快乐，愿意你饮食睡眠都充足，日子过得正常化，我也安心些，阿门。

　　请告诉你的朋友及学生们，我不希望他（她）们对我"执弟子礼事之"，我会羞愧得无地自容。我是只读过五六年书的人，凭什么？你我之间一见如故，的确是缘分。你说"五体投地的崇拜我"，那就是属于爱情是盲目的原故吧？我只是个很幼稚但乖巧的小娃啊！

　　昨晚《国语日报》、中广公司的王大空来电话探听消息，我也很含糊的讲了一遍。今天《华报》猫庵又写了一段关于大钻戒一事，恐怕是张佛千传错了话,现在是搞得满城风雨的,使我好下不了台!爱,我对外是说你五月回台,你能否在三四月份赶回来?提前来的消息我们保密。你走后这半个月中,我真的没有过一天宁静安详,舒适的日子!烦哪!烦!

钢琴已搬走,原则上还是一月一千元租给朋友。沙发还未去买,房客的房租快拖了三个月了!大概再住两个月他们就将押租抵消,我也不会强横,扯不下脸是我的弱点,我知道,但又怎么办呢?

我是不预备买钻戒的,将钱省下作别的用途。我不要你为我拼命去绞脑汁赚钱,以物质来博取我的欢心,那是使我加添罪过。我不会觉得那是一种享受,我会觉得那是一种责罚!亲人,我不需要什么,我只要你在我的爱情生命中愉快而满足的生存许多许多年。我要你亲眼看到我的脸上慢慢的添了一条条的皱纹,我的牙一颗颗的慢慢地在摇。你仍然如初见我时一样的用好奇的目光虎视眈眈的。爱,那多有趣!那才是爱的真谛,对么?让人羡妒吧!秋的命长,秋的命好,告诉中伤你我的人们去罢!

这张信笺好美不是?是 Amy 送的,还有许许多多的纸,一张张都会飘向你。亲爱的,我现在叫人去先寄掉这封信,晚上精神不差时,再为你写。祝

愉快!

你的 小娃
一九七五年一月廿四日午后

附上《华报》一段。
我不喜欢端午节。

我在此如坐针毡

爱：

今天没有信，失望之至。我并不是如你所说"一走了之"，我在此如坐针毡，精神极度不安，昨天接到你第十七封信（一月廿四夜写），你"希望（我）于三月底四月初返台"，我立刻就下了决心，定于三月一日返台，比你希望的还早一个月！我已迫不及待，因为我知道你在受苦，我恨不得立刻就飞回去，保护你，安慰你！我从今天起已开始着手准备了，已打电话到移民局索取表格，因此去可能一年之内不回美，需要申请批准也。据告三星期可以批准，不批准我亦可先回去。同时书籍、稿件、行李，也都很费手脚。如无意外，三月一日可以飞回。爱，你静静的等着我，你要我回来，我不是立刻就回来吗？我乖不乖？你说！

急于想看《联合报》（一月廿二日）你发表的谈话。为什么你还未寄来？

我问你，那个开饭馆的人有没有永久居留证？如没有，他未必能丢下饭馆就走，你说是不是？我为此事，比为记者啰嗦还要不放心。我现已濒于精神崩溃了，菁清，我急需和你在一起。此后我将永不离开你了，我写至此，心惊肉跳，泪如泉涌！

（一月廿八日午后二时）

亲亲：

希望今天有信。我决定三月一日返台，我的女及婿起初均不以为然，我坚决必去，他们也就答应我去了，大家都意识到这可能是长期的诀别，相对黯然。我告诉他们，我们的爱是诚挚的，婚姻一定美满，他们也就无话可说。

杂志上介绍一种专治癫痫的药，我写信给小胖子，让他问医师。万一能治好，也算是帮他大忙了。他给你帮忙，我感激他。

我想，南下拍外景，你大概是不去了，那么这一二十天之内他们全离开台北，谁来照拂你呢？谢妈妈屡次约你，你后来到底去过没有？

菁清，这些天来你不出家门一步，是自己做饭还是陈姐给你做饭？我愿你和陈姐说明，要她来家延长服务时间，好不好？我们婚后，总要有人做两顿饭。现在即可如此安排。爱，我不要你下厨房，除非你答应我偶尔我们两个一起做饭，那么样也是满好玩的，是不？你做饭，我坐享其成——我根本没有这个妄念。爱，我在婚后将要比在婚前更宝贵你，更宠爱你，更喜欢你，更崇拜你。你信不信？恐口无凭，立此存照。

（一月廿九日早六时）

分离之苦，我这一份算不得什么，你血压高眼睛肿一类消息的传来，才是使得我最感难堪！菁清，你答应我，你别这样自苦，环境逼你，我知道，但是你还是要忍耐一阵，等我回去，我承当一切，我不准许任何人使你烦恼。再等一个月的光景，我就飞到你身边。我们已分离了二十天，五分之二过去了，再熬一月，即可团聚。我们团聚后，第一餐饭，我要你陪我喝一杯酒。家里的 Royal Salute 亦可，乐亭的米酒亦可，听你！我看还是家里好，因为除了酒之外，还有甘露。你以为如何？写到此地，暂时停笔，我等待你的来信，今天应该有信了。

（早八时半）

14、16、18、19同时收到了，我好快乐！菁清，你在《联合报》一月廿二日发表的谈话，很得体。你要我写一篇东西发表，我当然遵命，不过我看现在还不是时候，因为目前的热闹已达高潮，不能维持太久，如果我写稿，至少十几天以后才能发表，后倒要平静中另掀起高潮。我意，俟我回去再发表书面谈话，或在婚期前夕发表，你看如何？

大家抢新闻，一半是为了我，一半是你的名气太大，得名固不易，逃名亦甚难，同时社会上一般人也有一股嫉妒心，嫉妒别人得到幸福，又有一股幸灾乐祸心，愿意投石下井，把别人的名誉糟蹋了才称心。报馆记者为了职业上的需要，不顾别人的苦乐，见了千载难逢的资料怎肯罢手？我已写信给王惕吾，希望能有一点效力。

爱，你说家里缺了食物，因此胃痛，打电话叫面吃……这事我要负责，我在行前只给你买了几罐饼干，那当然不够，我应该给你设计并且储藏才对。见此信后，盼嘱陈姐急速购备食物，如鸡蛋、生力面、卤菜、面包，等等。冻饺、汤团也好。千万不要等胃痛再吃东西。我给你留下的药片，胃里不舒服时立即口含一片，极有效。勿忘。你要我吃肝得健，我没有忘，我每次服用时有一种特殊亲密的感觉，因为那是你给我的药。菁清，你本人就是我的起死回生的灵药！你给我温暖，你给我力量，你给我生命。我能给你的很少，你给我的太多太多。

爱，你说你不敢出大门一步，这未免太苦了。我们的爱没有什么不可告人的。所以我已坦承我们已有婚约，只是婚期未定而已，盼你以后也采此一立场，有人来问，即答以已经决定结婚，这样的表示足以挡住许多不必要的揣测，同时有人想破坏也无从破坏了，对不对？出门走动，如果是必要的，不要怕。近来常有人对我说"外向谣传……"我立刻截住他说"是真有其事，非谣传，我不久要和韩菁清结婚"。其人目瞪口结说不出话来了。等我回到台北，我要和你一起再度出现于各大公共场所，我毫无顾忌，我引以自傲，我要天下的人嫉妒死！

"我要辞去副导演"，这事你要仔细考虑，因为这牵涉你以后的职业以及生活方式等。我爱你，我给你完全的自由。你若是决定不去南下拍外景，当然以辞职为宜，免得耽误人家的事，除非他们原谅你的处境情愿为你保留这个虚衔。说不定他们愿意利用你的名字做广告。

你这二十天的生活，变化得好厉害，深居不出，岂不要烦死你？我好心痛！你的为人，我没有看错。我非常得意，我早就看出你是一个极不平凡的极具个性的人物。事实证明，我的菁清不是一般人所知道的菁清。爱，我自命是你的知己。也许我只有这么一点点诚心，所以才感动你，使你爱我。

我现在要去寄信，余容续写。

我是你的最爱的　秋
一九七五年一月廿九日上午十时半

那些人才是真正的"女子+小人"

最最可爱的亲人：

我的第六感（觉）又来了，看完了最后新闻，下楼去看看信箱。果然收到了你的航快信。因信封长，外面可以被人偷去。幸好被我赶上，否则如果等到早上或中午，都会有遗失的可能，那就变成"欲速不达"了！

好高兴，好感动，也好伤心，这是我读了快信后的心情。人啊！你待我太好了，我快乐得只是流泪！一切都是为了我，都是因我而起！你气得发抖，不吃饭，不睡午觉，我心好痛！刻薄的人写缺德的文字，真不知死活！那些人才是真正的"女子+小人"，读书读到哪里去了？"一言兴邦，一言丧邦"也不曾读过么？这些人是道地的"三姑六婆"之类吧！

人，我现在已回复平静了！你不要急，还是把要紧的事办得有个名目。去了不到廿天就赶回台北，会被人笑话的。做人是最不容易的啊！我们现在只有沉着、忍耐。"天将降大任于斯人"，困苦重重，似乎是"必然"和"必要"的吧？

你陪着我苦恼，我除了感激，感动，说不出其他的话来。没有更好、更美、更恰当的词句来形容我对这份深情厚爱的满足。人，我只要拥有你，就像拥有了整个世界。你说我征服了你，岂不是已征服了整个世界？秋秋，我好爱你，好爱你，没有人能中止我爱你。我不会听信闲言闲语，看在你的份上，我会原谅所有对不起我们的人！你信上所写的五项要点，我完全了解、心领。只是我们以不变应万变，"庄敬自强"最好，我不再计较了！人，请息怒吧！

爱，为了使你快乐健康，我会好好照顾自己的，放心，我绝不会做任何对不起你的事。我不爱社交，我不喜欢狂欢，纸醉金迷的另一面，难道不明白么？钱留着用在当用的地方，譬如蜜月旅行。将来我陪你到处走走，启发灵感，写出不朽的作品。人，明天再谈。
祝
我们前途无限。

你的　小娃

一九七五年一月二十六日

我们是一对幸运儿，可怜虫

我的最亲最爱的菁清：

今天上午收到四封信，不料午睡醒来又收到了快信一封，一月廿六夜写的，廿七投邮的，三天工夫就到了，真是快。不过此信应该是第二十封，而你写为第十八，在信封上又写为第十九，你和我一样，一塌糊涂！我们两个相恋，冲昏了头！

你说你已归于平静，大为心安，这是我们分别以来我所收到的最好的消息。不过我仍是预定三月一日回去。我在此第一无法工作，心不安，做不下去；第二，法院开庭遥遥无期，我不能坐候；第三，我不用说你也明白，我们需要生活在一起，我离不开你。何况你提起"程咬金"之后我日夜不安，我恨不得不顾一切就回去和你结为夫妇。菁清，究竟是你幼稚，还是我幼稚，你是小娃，还是我是小娃？我分不清。我有时觉得我们是一对幸运儿，又有时觉得我们是一对可怜虫！

《联合报》（一月廿二日）唐经澜的报导尚属客气，不知此后各报又有什么记载没有？（浦先生寄来香港的晚报剪报，附上。）如有，盼剪寄。《联合报》所刊你的照片，是新的还是旧的？我怎么看不清？很美，但不太像。我们结婚时，各报一定要大登我们的照片，你行不行？那时节，我的老丑的样子怎么配得上你，我真着急。

　　爱，你买了些吃的东西放在冰箱里没有？甚念甚念。不要把我的小娃饿坏了。我这里，你不用惦记。我经常有吃的，文蔷对我也日益优待，她知道我在此不会太久而且以后也难得再来，所以特别的爱护我，不时的送东西到楼上来，比以前要不同一些。我的睡眠也还好，只是一觉不能睡长，有时一夜醒三五回，心不安之故，这毛病只有你能治。我的健康尚可，糖尿症未发，已试过两次，胃疼只发过一次剧烈的，服药立愈。此地目前天气太冷，经常是三十几度（华氏）冰点上下，散步受影响，每日赴邮局顺便走走。爱，你每天足不出户，没有运动不行，注意，一定要运动，一定要多吃青菜水果，天天如此，不可间断。

（一月廿九日午后二时半）

　　你屡次说你自己"只读过六七年书"，以后不可再说，也不可有此想。我生平不轻许人，我知道你是绝顶聪明，你所表现出的才智，思想，情操，风度，决非一般读过六七十年书的所能比。我不是盲目恭维你，我不需如此，我说的是真话。你写的东西，证明你早熟。以后我们两个共同读书，必定日有进益。读书不是为别人，是为自己。莫辜负我们白发红颜，这一段稀有的奇缘！

（廿九日夜）

　　亲亲，我一夜睡得很好。你呢？
　　昨天一晚我和文蔷共同试填出入境申请表，今日或明天亲自送移民局。我本无需申请，但此去可能超过一年方能再来美国，依法要申请，而手续甚繁，且需等候一个月。故三月一日能否如期返台尚不敢定，可能拖延一二星期，亦可能不拖延。总之不敢说得太准确。还有所得税的事亦非常伤脑筋，此事赖我的女婿为我奔走。三月份以内必可和你重聚，请放心。现在我屋里已乱七八糟，准备行李打箱也。

菁清，我的爱，你好好照护你自己，一切要小心，谨防一切的人。你自己心肠好，莫以为别人也都是这样。祝你
平安！

你的最忠实的　秋
一九七五年一月卅日早六时

今天不可能接到信，故此立即将此信付邮。

你是我的"大钻矿"

秋秋：

很开朗的心情下，收到你13、14两封信，还有两张好严肃美丽的彩色照片。爱，你不怕我拿在手中，不怕在高楼大厦中被风吹下去？即使我没有存心扔了，丢了！你的胆子很大，并不曾被割除啊！（注：梁实秋的胆曾被切除，故有此言）

昨晚独自整天闷在家中，没有人来，亦没有电话。我在胡思乱想的时候，将所有的指甲都咬得光光！人哪，我没有听你的话，恶习难改，如何是好？你在这里，一定会打我手的，对吗？其实是"嘴"和"牙"不听话，喜欢咬，一点都不能怪"手"，甚至于打手。但是你偏偏最爱我的嘴，又欣赏我的牙，所以嘴与牙就占尽便宜，而且往往用来吼你、骂你的，你还总是袒护着，深爱着哩！

真的，我不要钻戒，不要为我筹款。我知道你有能力再去编译、写作，凭真实才干赚取正当的钱，但我总觉得你为我太辛苦、太忙碌，我于心不安，于心不忍！我们既然嫌相见恨晚，今后应多多的在一起享受爱情生活。我戴钻戒的目的无非是向人炫耀，那是我过去幼稚的想法，现在思想搞通了！有了你，有了你整个的人和心，和伟大的爱，我是足够向人炫耀的了！你岂是我的大钻戒，你是我的"大钻矿"才对。从你的口中，从你的思想里，从你的心的深处，我会发觉我有取之不尽的爱，世上稀有的爱，罕见的爱。爱人，我好满足，真的。

我要打扮了，晚上再写。祝你
永远快乐！

你的　小娃

一九七五年一月廿七日

你给了我新的生命

小娃,我的爱:

今天接到你两封快信,22号与21号两信相差约两小时先后到达。22号不是专差送的,奇怪。

你于廿七日到谢妈妈家吃晚饭,廿八号晚又去赴鳗亭宴,都是打尾牙,我听了很高兴,因为这二十天来你总是闷在家里,我心不安之极。你为了我而不出门应酬,爱人,你实在太好了,我心痛你。你出去玩玩,我不反对,我只是怕你受人欺侮,或是有不识相的人招你生气。谢伯伯态度不坏,我也很放心,不过你还是尽可能的对他恭敬。我想你懂我的意思。你到鳗亭没喝酒,实在是乖,我好爱你!可是我还要不怕你嫌烦,再嘱咐你一次,没有我在你身旁不要和任何人喝酒。千万记住。千万记住。

苏小小想称我为梁兄,另一位也要跟进,都想讨便宜,可是我并不反对,因为我和你是一个人,当然我随你而定我的身份。况且,我自从和你相恋,我也觉得我年轻了许多。我像是一枝奄奄无生气的树干,插在一棵健壮的树身上,顿时生气蓬勃的滋生树叶,说不定还要开花结果。小娃,你给了我新的生命。你知道么?

我给你印了一千张回信住址条,兹附上十张,可免你写回信住址之劳。每信附寄几张,够用,就不必寄小包裹了。你喜欢不?给

Bobby 写信也可以用，给别人（住在外国的）也可以用。

A kind of magic happened…the moment you touched me. 这是你的信笺上印的一句话，可译为"你触及我的那一刹那……好像是有一种魔力发生。"喂，你要我译这些句子做什么？

鳗亭好不好？比乐亭如何？你们一大群宴饮，总不及你我两人对酌之情调，是不是？我好想和你再到乐亭去。一个人喝一小瓶米酒，好快乐！

《中国时报》女记者要访问你，她不是邱秀文吧？我已嘱托她不可发表有关的文字，一定是另外一人了。文蔷对我说，我们二人均非普通的个人，均已属于社会，所以一举一动都会引起人的注意，均有新闻价值。如此说来，我们的自由要打折扣了，苦也苦也。

你要我买的门上的链锁，已买了两副，两副牌子不同。不知你要安装在何处。现我已开始物色零碎物件，你要什么快来信告我，愈早愈好。

移民局我已去过，是文蔷开车陪我去的，来回路上谈的全是你。手续顺利办妥，大约不致误了三月一日的归期。此后要办的是：税局申报及包装行李。

（一月卅一日夜晚睡前）

陈之藩太太、王节如的信，附上一阅，他们夫妇是唯一拥护我们结合的人，所以附给你看看。我们结婚之后，我要把我们的幸福生活全盘写出，公诸于世，让天下的人知道我们是如何的如鱼得水！我要让好多好多的人羞惭、艳羡、喝采！

你的　秋
一九七五年二月一日早六时

我将炫耀我的幸福婚姻

清清：

你喊我秋秋，我喊你清清。好不好？今日星期，一定没有信来，想不到上午十一时专差送到23号信，廿九日写的，邮戳是三十日。好快。我十分高兴。信由文蕾拿到，笑嘻嘻的送上楼，"爸爸，快信来了，信封上写'祝全家福'是故意写给我看的吧？"

爱，你把我们的情书给倪太太等看了！你说挑了几封，差不多一样，怎样挑法？她们是不是看了老大半天才看完？有什么批评？你也不详细告诉我。你未得我同意即公开了我的情书，我不生气。爱，但我有一种奇异的感受，顿时出了一身汗。我的情书是预备你一人看的，将来公开发表是若干年后之事。我信中没有怕人看的话，只有我对你爱得如醉如痴，有些话不知别人看了作何感想。你说你有炫耀的意思，这动机我可以理解。因为，同样的，我也以与你相爱为荣，你等着罢，以后我将有许多机会炫耀我的幸福婚姻，倪太太同情我们不？

店员拉住我的手，看我的戒指，你也要和我算账！？

你把鳗亭之约记错了日子，这笔账也记在"一代暴君"的头上？冤哉枉也。这些天你有朋友往还，生活可能稍为轻松一点，我很高兴，因为我怕你一人在家里闷坏了身子。报馆记者一窝蜂，五分钟热气，随后就找别的新闻去了，所以我们也不必为此事着急。

爱，今天是二月二日，还有廿六天即可见面矣，你兴奋不？我回去之后，日子怎样打发，你要设计一下。我如今是整天做梦，昼日梦。清晨睁眼，想你，晚上闭眼，想你，一整天无时无刻不在镂心刻骨的想我的清清，你说怎么办？我会不会疯狂？半夜里醒来，我就把你的三十张照片一张一张的铺在被上，仔细仔细的观赏，又取出你的信，一封一封的读，津津有味。在字里行间我看得见我的人儿。你抿嘴，你仰头，你大摇大摆的走路的样子，你咬手指，你佯怒，你托着保温杯出出进进，你抱着饼干盒子走来走去，……历历如在目前。清清，我想你都要想死了！焉得甘露，解我渴思？

（上午十一点半）

下午三点，24号快信到了。文蔷送到我房里，问我："你们隔几小时写一封信呀？"

今晚我们要出去，赵友培的女儿请吃饭，住在很远的地方，汽车要一小时才能开到，伤脑筋到极点。所以Bobby的电话要等明天午饭时试行打去，打通后当详细报告。你什么时候写信给他的？接他回信应在十几天之后。他为何不回你信，是不是他不赞成我们的婚姻？我心里直嘀咕。

爱，你家里大兴土木，谁帮你忙？我就猜到了你是在拆墙搬家具，会不会累坏了我的人儿，我好不放心。退一步想，你是在为我们布置新房，你一定心里快活罢？我睡午觉的那间房，也放了梳妆台，衣柜，看样子是"两间睡房"之议是势在必行了。我答应你的话当然算数，决无反悔，不过以后事实发展如何，谁也不知道，只好走着瞧了。

买沙发，不忙，等我回去后我们一起去买岂不更好？许多事，你都不必急于办理，等着我。

谢妈妈说你瘦了，脸变尖了，这消息并不使我惊讶，因为我也瘦了，减了四磅，两地相思，如何能不瘦？不过我们两个减些体重也是好事。你瘦些，于你的健康有益，于你的美貌无关，因为你瘦，我爱，你胖，我也爱，你浑身上下无一处不美，无一处不惹我爱，狂爱。文蔷让我转告你，你血压高，发胖，必须设法减体重，不要吃减肥药，应多运动少吃脂肪及碳水化合物。

我说我丑，不是说长得丑，是说和你在一起我显著不配了。请问你，谁站在你身旁，男也好，女也好，能不显得丑？年轻的，年老的，都算在内。你说我"风度翩翩"，这真是"情人眼里出潘安"！一笑。

我们准备出去了，暂停笔，明天再写。祝
吾爱平安快乐，我是

你的忠实的　秋秋

一九七五年二月二日午后五时写明早投邮

第一次和你最亲近的韩家人谈话，好兴奋

我的清清：

　　长途电话打通了。好不容易！因为你把电话号码写错了，号码是296-4334，而你来信却写成276-4334，费了好大事才求那边的电话局代为查出正确号码。你说，该不该打屁股？电话打了两次才和Bobby通了话。第一次是上午八时半（那边是正午十二时），电话通了而他不在家，范亦不在家。第二次是下午三时许（那边是下午七时左右了），Bobby接了电话，记录如下：

　　　　哈喽，你是Bobby么？
　　　　是。
　　　　我是梁实秋……
　　　　啊，你寄来的包裹收到了，谢谢。
　　　　瓶子没有打破？
　　　　没有。
　　　　我问这一件事，你的Aunt有快信给我……
　　　　快信？
　　　　是的。她信里说，她好久没收到你的信，非常惦记，你最

近是否收到了她的一封信？

收到了。

你回她信没有？

没有。

为什么？

啊……啊……我现在住的地方有一个Roommate（同住者），范小姐已搬到了楼上，所以我这里很乱，就没有写回信。

你知道Aunt很不放心你，有时血压高……

啊，那么我今晚就写信给她。

我问你，你是否要在今夏回台湾？

我的奖学金下年不知能否继续，如能，就可放心回去一趟……

听说你快要结婚了？……

没有呀？尚无此打算呀！

听你Aunt说起，她希望你能回到台湾结婚……

我一时还不能决定。

Aunt问你，生活有无什么困难？如有，盼直言以告，告我亦可。

没有困难。

那么你今晚务必写信去。你如有困难，写信给我，我的住址……

你那包裹上面已有住址。

我的电话是206（206是区域号码）……有事随时和我

联络。

　　好，谢谢你！

　　好，再会。

　　这是谈话的记录，录音带亦不过如此了。爱，这孩子真是孩子，对我谈话的态度很好，听他说话的腔调和声音，我想我会喜欢他的。清清！这是我二十多天来第一次和一个你最亲近的韩家人谈话，我好兴奋！我希望此信到后不久，你能看到他的信。也许要慢一两天，别急。接到他的信，盼复印给我看看。还有，电话打通时，文蔷夫妇均在室内，有些话我不便说，也不好说。

　　赶快发此信，以慰我的爱人。今天一天没有你的信，明天大概有。清清，还有二十五六天，我们即可见面，我一天一天的数着归期，你呢？祝

吾爱快乐。

你的　秋秋
一九七五年二月三日午后四时

爱比饮食、睡眠更重要

亲人：

今天盼了一整天的信，仅盼到 Ku 附来一纽约《华美日报》剪稿。那是根据《联合报》十九日消息修改的。一样是报导式的稿子，登得就不那么刻薄，得体多了！不知你已看到否？

下午谢妈妈来接我去华国饮下午茶，她和谢伯伯在四点半来的。电梯坏了。谢妈妈在车上等，谢伯伯走了七楼。我叫小许看门，因木工尚在。饮茶毕，我们回来等陈姐儿子。他七时来后，我们带小许去国宾吃晚饭。阿里山的少年独自看守门户。饭后他们立即送我和小许回家。我没有喝酒，放心。

吴延环本约定明天饮下午茶的，但是他要谢伯伯请吃晚饭，故此改在明晚 6 时半在谢府便饭。谢妈妈亲自下厨。我不知明天谈些什么？饭后回来再作报告就是。我说话会有分寸的。虽然口才不好，倒也不至于会坍你的台。答不出的时候，就比赛"笑"好了。反正大家是在谢妈妈府上，大声、小声都无所谓吧？不在公共场合。

我的女友倪太太（人称曼姐）在电话里问我，情书写厌了没有？我说没有，我们起劲得很哩！爱，是不是比饮食、睡眠更为重要？像我如此劳累了一整天，晚上仍然要将这封信写完，才能入睡。否则，似乎今天一天没有过完，睡觉亦不安稳的！我不忍心你失望，我就不能失"信"、没有"信"！八百多亿万分的想念你。每天都看着你的照片，好多你的怪表情，我闭或不闭眼睛想，它都会随时出现在我眼前，就算是你那唱歌的怪 Key 嗓门和见我骇怕的"傻相"，我想起就会情不自禁的笑出来。人，你回到美国后，有没有这些怪声、怪气和怪动作！

陈之藩太太一定看错了人，十八年前我来台，并不与王元龙一个团体，金素琴和钱新之亦不认识。你该想不到的吧？再谈，祝好！

你的 小娃
一九七五年一月三十一日

春来要寻花伴侣

文章信美知何用,
漫赢得、天涯羁旅,
教说与——
春来要寻花伴侣
　　　　　——梁实秋

情人不相见，纸笔代喉舌

我最亲爱的人：

今天上午寄去短短的一信，现在补写。曼姐问你情书写厌了没有，可见她没有过真正恋爱的经验。情人不相见，纸笔代喉舌，绵绵、絮絮、叨叨、喋喋，哪里有个完？如何能够厌？我在台北时，我们天天见面，而且一见面就是七八小时，我摒绝一切应酬，你也摆脱一切纠缠，我们厮守在一起，我们分秒必争，珍视我们的相聚的时光，爱，你可记得，我每天早起，趁你还在睡中，我必写信给你，然后面交你的手里。你接过信去，往你的衣袋里一塞，然后就不见了，不知你是在什么时候看的，也不知你看了之后收在何处。好微妙，好神奇！有时候，我的客人太多，没工夫写，交了白卷，我心里就好难过。我每天要写信给你，不只是披肝沥胆，我是挖出我的心来献给你。清清，你偶然也回我一封信，我视如至宝，不知反反复复看了多少遍！分别之后，你天天有信，时常是快信，你的情意缠绵，感我至深。我也天天写信给你，而且确如你所说，有时早晚各一封。这是我的生活必需的功课，也是我一天中最快乐的时光。文蔷知道我在写信给你，她绝不走到我的书桌旁，总是站在远远的地方和我说话。

潘琦君有信来，祝福我们，她的态度算是比较好的，没说一句我不爱听的话，附有一阕"浣溪沙"词：

　　泪尽槐园一卷诗，
　　那堪酒醒月明时，
　　天涯何处不相思？
　　译罢莎翁空有恨，
　　美人无奈总情痴，
　　怜才许嫁岂嫌迟？

我和了一首：

　　空忆当年花满枝，
　　孤灯照壁泪干时，
　　此情惨恻有谁知？
　　好事迟来何所似，
　　半为缘分半为痴，
　　可怜我已鬓成丝！

　　这都是一些陈词滥调，抄给你一看，应酬之作，不值推敲。
　　今晚文蔷宴客，二十几个洋鬼子，群雌粥粥，闹得很。我躲在楼上和你笔谈，乐得清静。
　　林导演兼管贸易，来信要我为他打听货价等等，此事我是外行，但我不能不应酬他，因为你的关系。不过他的来信不清不楚，也不写明货物是何公司产品，地址在哪里？叫我如何进行？请你转的信，盼速转去，万一时间来得及，我也许可以帮上他一点忙。

清清，还有二十四天，我们就可以见面了！太空船探月起飞之前，是倒数秒的，我们现在也是如此……

留半页空白，明早写。

（二月四日晚十时）

二月一日的26号，你写成25了。于上午八时廿分收到。你要我把爱与婚姻分开，再理智的考虑，还来得及。这话简直是晴天霹雳，清清，你怎么忍心对我说这样的话！？我正告你，我已决定和你结成连理，任何人任何事不能改变我的决心。你到×家晚宴，一定是他们又说了些什么闲话，你说你受不了。爱，我们两个人凝结在一起就什么闲话也不怕了。我只要拥有你，所谓拥有，不仅是你的身和心，还有名义，我要你做我的妻，你将是我最宝贵的最称心如愿的小娇妻。为了达到这个目的，也许要付出代价——即是失去某一些人的同情。我为什么要他们同情？我们两个人的幸福，别人有插嘴的余地么？别人要多管闲事，让他们说去！清清，你就是我的世界，犹之乎你说过的我就是你的世界。像我们两个这样的爱，世界上是少有的，我们应该庆幸，上天给我们相爱的机会，我们携手前进，不需瞻循，不必反顾。你要我理智一些，我不是没有理智，在情浓的时候，我们是都有些迷迷糊糊，但是我时常冷静的思考。我思考下来，只有一件事使我有些犹豫，我年纪太大，怕不能陪伴你太久，那样我就对不起你。我不愿因为爱你反而害你。你现在是不是也想到了这一点，如果是的，请你告诉我，我将抑止住我一切的愿望，静静的听你的吩咐。如果不是，如果你不嫌我老，那么，我们便没有任何可考虑的事——唯一该考虑的是订期结婚。别人的闲话，管他的！

清清，在结婚前，我一定要发表一篇长文，报告恋爱经过，目前还不忙动笔，俟婚期订后再写，这是一件愉快的事，我可以一挥而就。并且我也想有你在我身旁的时候写，可以写得更痛快。此文发表，可以澄清外边许多误会。当然也许会又引起一阵高潮，那就不必管他了。

爱，外面应酬，一夕话就使你情绪低落，你该记住，我的一番话应该能鼓舞你使你兴高采烈才对。他们说的是什么话，你不必告我，我一猜就八九不离十。全都是杞人之忧。我们自己的事，我们自己会决定，不劳外人借箸代筹，更不劳外人担心过虑。但是，有一条件，我们必需永久永久真心相爱，否则就真的为外人耻笑了。

行李尚未装箱，当如你所嘱去办理。咖啡壶与暖杯，当访求佳者选购，我早已看出你每天所使用的那个杯子太旧了，有无如意的则不可知。

地板打过蜡，必滑，走路千万小心，注意注意。

你的 秋秋
一九七五年二月五日上午十时

我爱你已胜过爱我自己

秋秋：

　　昨晚本想再写信给你的，但有点感觉头晕，就躺在床上熟睡了。一觉睡了八小时，今天脖子睡僵，右肩也吹了风，有点酸痛。在阳台上舒展几下，呼吸了新鲜空气后，吃了吐司、鸡蛋，又喝了海带鸡汤，吃了肝得健，饮了两杯咖啡和无数杯清茶。现在才一切好转。提笔给你写信，真是一乐也！为的是，我们心心相印，对不？

　　每次提笔，立刻就好像看到你面对着我发愣，傻笑，露出那几个与众不同的小兔宝宝牙。即使我在回忆和幻想，终究给予我莫大的安慰和心灵的愉快，因为你好可爱，也的确值得我爱。

　　附来的便条，等胖子来了才去取回字典，也许那是年后之事，也许索性等你回来后你当面去嘱咐书店老板与伙计更好。反正在你没有回来之前，你方面的朋友我是一概不见的好。目前我最谈得来的，待我最好的要算是谢妈妈，她儿子也是对我很亲切友善的。他们很清楚，我俩是怎么一回事。同时他们是新时代新思想的人物，而且又有极丰富的感情，当然是"与众不同"，何况我和他们之间是既无利害冲突也无利用关系，所以才有真正的情谊存在，对么？

　　亲爱的，不要担心我的食物。饼干，我舍不得吃，还存有两小罐巧克力糖、太妃糖都还未曾开，预备在新年和小小孩子们同吃。荤素菜我有时叫陈姐带来，她儿子有时也来帮我忙。小许、小查也帮我洗菜剪虾，晚上有时他们洗碗碟，我没有怎么劳动。我只是在脑筋费力而已，七想八想，时常想到"一代暴君"。我好幸运，"一旦选在君王侧"，"六宫粉黛无颜色"的那种感觉使我好满足。爱，我是几世修来，令你如此宠爱！一位现代孔夫子，我国最高文学权威，竟会迷恋一个小学程度的小娃，如何不教人羡煞？妒煞？

　　你要慢慢地、从从容容的整理一些东西才来，不要为了见我而匆忙得什么都忘记。你来台后又将忙一阵，不如多在美国好好休养几天。文蔷的营养食物单，希望你带回给我，哪些忌食，哪些需要的，让我了解。还有以前在美国看病的记录，也不可不带回。我的医药顾问，是田妈妈介绍的三军总医院的心脏科主任林克昭。他随时会照应我们，即使我晚上有病，一通电话即来，这是他对我的诺言。所以在健康方面你不要担心，请文蔷也不必太过虑！我不够资格做"良母"。可是，我自信是你的"贤妻"，因为我爱你已胜过爱我自己，一切都将你放在第一。爱，你早已发现了吧，怕你等信苦恼，每封信我都贴上加倍的邮票，因你待我好，我要加倍还你！

　　再谈。祝
快乐、健康！

　　　　　　　　　　　　　　　　　　你一人的　小娃
　　　　　　　　　　　　　　　　　　一九七五年二月四日

你使我看见了人世间的绚烂色彩

小娃吾爱：

今天整天没有信，好凄凉。我忙了一天收拾东西，文蔷非常热心，帮我找转运公司的人来估价，竟索价至四百余元，我想多花些钱算了，文蔷不肯，向邮局打听，分包邮寄可以省得多，约在百元以内。我趁此又减去一些东西，预备日内即往包扎付邮。收件人当然是你，我不知邮差送件时是否要给你添了麻烦。我听了你的话，主要的是书，衣物尽量减至最低限度，以后缺什么买新的便是。我大部东西都丢在文蔷这里。我几度搬迁，现在差不多就剩下了一个空人了。

移民局的"再入境申请"（Re-entry permit）今天批准寄来了，我返台可以延长居留到两年为止，然后必须回美报到，否则丧失侨民资格。美国的手续也很讨厌。不过我在想，我们结婚后总要设法到美国去一趟，游玩一番，顺便看看 Bobby，对不对？

爱，你的信纸背面全是树叶，红的绿的黄的，好好看，这信纸当然是人家送给你的，不过很奇怪，却很能代表你的品味，你喜欢浓烈的色彩，充实的图案，艳丽的作风。这信笺很能代表你的品味。我喜欢。你知道么，自从你给我八条领带，又指挥我做两套衣服，买四件衬衫（粉红色！），你立意要把我打扮成一个风流小生（如果不是报幕的），我心理上起了变化。我过去的偏爱的色彩是忧郁的，你为我拨云雾见青天，你使我的眼睛睁开了，看见了人世间的绚烂色彩。清清，我爱你。

今晚文蔷夫妇去看电影，约我同去，我不去。我宁在家里和我的爱人笔谈。电影我是喜欢看的，如果是部好电影。今后若没有你陪我，再好的电影我也不要看。

（二月七日晚九时）

人，今天是二月八日，我们分别差不多一个月了，像一年似的，漫长的一个苦痛难熬的期间，想想还要度过这样长的一段时光，可怎生消受？！经过这次考验，我们的爱像火似的越烧越旺，烧得红热，烧得白炽，像《甘露寺》里的戏词"烧呀，烧呀，烧得你昏头昏脑！"可是，在另一方面，我对这社会，以及过去我一向引为朋友们的若干人，实在不能不感觉到意冷心灰。人间有爱，有同情，有温暖，但是比较更多的乃是嫉妒、残酷、猜疑、毁谤、轻蔑，与幸灾乐祸的下流劣根性。在这样的一个社会里，我们应该是被嫉妒的，因为我们太幸运了，我们享受了别人所不曾（或不能）享受的福缘。你，清清，以你一个人来说，你若不嫁，你也要受所有的女人的嫉妒，你若嫁，则于女人之外你还要受男人们的嫉妒。人们在嫉妒中会做出许多不合理的事。我厌恶这社会，同时我也很高兴我们有福能成为被嫉妒的对象。我有了你，你有了我，我们无需嫉妒任何别人。有这样的认识，我们是不是应该很快乐，你说？

你不喜欢端午，我也不喜欢。粽子，你说那形状讨厌，我说那味道也没有什么好。纪念屈子，瞎扯！屈子的文才是可取，沉江大可不必。不如秋节来得天高气爽。今年端阳是阳历六月十四日，我们的婚期当然要在这日子之前，究竟在哪一天，你不妨先想想，俟见面再商定。我没有意见，哪一天都成，但是越早越好。

你如果有毛病，你的毛病是待人过于宽大、热心，与不愿使人难过的一腔善良的心肠。我说得对不对，如不对，请原谅。

后天就是阴年除夕，我好想念你，不知你是独自闷在房里，抑是在热闹中度过？不知你是心情愉快，还是被一些无聊的人与事引起烦闷？不知你是身体舒适，还是疲乏、头痛（你特有的偏头痛）、火气大？爱，我时时刻刻的在记挂着你。亲亲，我想你，怎么办？

（八日早六时）

八点十分专差送来了你的28号信，你写成为27，又写重复了。小娃，我们的信实在是很勤，恐怕打破了一般的纪录，使得我们自己也忘记了号数。

你给我的信，每封都写得好，有个性，有真情，有深度，有趣味，而且老练简洁，比我写得好，以后不许再说什么"只有小学程度"等等的话，再说我要生气。

你提出两点：一是营养食品单，一是医药问题，要我转告文蔷，我已把你这一页原信给她看了。她很高兴，她现已明白你是真心的爱她的父亲。她现在对你态度很好，有一天她问我，你们将来有一天见面她应该怎么称呼你，我一时答不出来，只好顾左右而言他。

123

我现在要出去发信，因为十二时截止收邮。祝我的最亲爱的菁清平安快乐。我是

你的，最知心的人　秋秋
一九七五年二月八日上午十一时

我们两人最大的武器就是爱

我的最可爱的人:

　　我昨天晚上是赴一位油轮船长家里的宴会,他的女儿是文蔷夫妇的朋友,故我也被邀。饭前有人鬼鬼祟祟的拿出一纸剪报给文蔷看(上月廿二日《联合报》),文蔷告诉他说早已看过了。等我告辞时,女主人说:"您比去台湾以前年轻多了!"当然这话里有话,我答以"托福托福"。我想我走开之后,那一屋子的人一定把我做话题大谈特谈。婚姻之事不与第三者相干,却是大家最喜欢议论的事。遇见我,他们根本没有办法,他们只能在背后呶呶不休的谈论,我怕什么?爱,我愿你也采取我的态度去应付这个无理取闹的社会,千万不要生气,一生气就中了他们的计。我们两人最大的武器就是我们的爱,没有人能伤害到我们。你说对不对?

　　我前函说,我要你在我的房里挂上许多许多张你的照片,你可知道我的用意所在么?我坦白的告诉你,小娃。我现在拥有了你,你准许我这样的拥有你,我好满足,我好幸福。但是并不够,我还要有十分把握的能在未来永久的拥有你,以至于永恒。我要八百辈子的拥有你!如果没有这样的把握,现在心里仍然有一点不安。如果你答应我,和我八百辈子相恋相爱,我应无遗憾了?不。我还不够,我要追寻过去(去年十一月廿七日以前)我所没有能享受到的幸福。对我而言,过去的时光不能一笔勾销,过去的事情我可以忘记它,过去的你却是我所不能忘的;我要在我灵魂深处玄想过去的你,你的模样,你的性格,你的一举一动,你的一颦一笑。在这玄想之中我会得到无比的快乐。如果你在我的房间里挂满你的照片,那将有助于我的想象力的活动。我要拥有你,现在的你,未来的你,和过去的你——一个完整的你!你看我是不是过于贪婪?是的,我对你,贪心没有止境。你说烦不烦?

33A 号信算是加班,收到了末?那丝袜试穿没有?赶快试(可以驱我于门外,加锁)。回信告我尺寸,光是 Medium(中号)字样不行。以后到了热天,也许你不再穿长裤,长袜是必需的,是不是?

今天二月十日,除夕,我的小娃是愉快的过年还是寂寞的受苦?在自己家里还是在别人家里?我好惦记。我对过年无兴趣,可是今年不同,因为过了年关之后就等端午,而我们的婚期将是在端午之前,所以迈过年关即可盘算我们的指日可待的吉日。你赶快选订日子告诉我。由我们两人决定,不要听别人的意见,甚至也不要顾虑天气的冷暖。

我给林导演又写了封信,给他介绍一位在西雅图经营进出口生意的中国人。如果他们搭上了线,此后就没有我的事。他可以大展宏图,我亦落得清静。我已预先声明,不负任何责任。

我的事情很忙,并不如你所想的可以静养。如果要静养,必须在你身边才办得到。因为离开了你,我六神无主,谈什么静说什么养?!

　　这几天好冷,好冷,地上有冰。爱,你屋里若是太冷,要多穿衣服,你早起披着的那件衣裳不够暖。珍重珍重。

你的好人　秋秋
一九七五年二月十日早七时

我怎能不交出我的整个人和爱

秋秋：

今天虽然没有收到你的信，但是我内心仍然充满了欢欣，因为我已为你安排工作的下榻之所了！你总想不到吧？你可以在三月五号以后住进我敦化南路的住所。房客欠租三个月，我对他很客气，那就大家提前取消租约。不伤感情！他说要替我登报再租，我说谢谢他的好意，我要整理干净了才出租，我自己会登的。人，实在太妙了，我仍然要你做我的房客。这栋房子一万元，比华美要强百倍哩！电话冷暖气三部，家具、窗帘、热水、瓦斯，样样齐全，三房二厅三卫，你满意不？尚有喷水池，小小花园，而且在楼下，你也会感到更方便些，对吗？距离我现在住处，车资仅8元，你说好吗？你如果尚有许多琐碎事要办，我倒想请你迟一星期回来。三月八号来台，一部计程车就直接到敦化南路，你看如何？那样就可省几天旅社钱。同时，我也可先去那边打扫，布置一下嘛！怎样？请来信告诉我。那边的电话……请先记下。你的朋友问你电话时，可以告诉他们，那边电话也是装插头的。你将来不会怕吵，那地方是顶好后面。近景霖大厦。你和我曾送殷小鬼（欣欣买狗熊的小女孩）的隔壁。亲爱的，你每天可在这一带散步。这条路程，刚刚适合，不远，又平坦且干净哩！早上我可陪你走，你高兴么？人，我们真运气，你看你什么钱都可省了，又不费脑筋。

　　写完此信后，自己去投邮，然后去国鼎晚饭。昨天告诉你，说明天去谢妈妈家吃年夜饭，又弄错了！原来是后天，你看我们两个大糊涂虫，谈恋爱都忘了时辰八字！真令人笑死！

　　他们来接我了，我现在必需停笔，刚才又有记者电话，我回说我不在，即刻挂断省得麻烦！

　　亲爱的秋秋，这张信笺可美？辞句凡是有英文的，我都要你翻译给我。你翻译的诗词剧本无一不美。这个时代里，这个世界里，有谁能和你相比，爱人，你超过了任何人的智慧和学问，再加上好的品德，善良的心，我怎能不交出我的整个人和爱呢？

　　好好保重。想到我们就要见面，你就该天天面带笑容吧？再谈。祝
一切如意！

　　P.S. 别忘了买一个开罐头的转转。请再代买二个门上装的大弹簧，可以让房门、大门自动关上，以免夏天冷气跑掉。再买一个电眼，可以不用开门在门内讲话（有声音听得见的）。谢谢。

　　（注：此信未署日期。据"后天"吃年夜饭，且1975年2月10日为除夕，可推测此信写于1975年2月8日）

抱着你的"大心"而眠

我的清清：

昨夜抱着你的"大心"而眠，起初是手拿着，吻了又吻，吻了八百多次，然后放在我的胸上，心心相印，以后不知怎样睡着了，一翻身把大心压在身下。今早醒来，摸摸大心，热呼呼的！真妙，我谢谢你，你寄给我这样亲亲热热的一个大心。

我在想：我们两个在短短的两个多月之间发生了什么样的关系？首先是"忠实读者"与作者的关系，然后是朋友，然后是情人，然后是房东与房客（假如我住进敦化南路360巷45号），然后是未婚夫妻，然后将是夫妇。从十月廿七日起到今天，不过两个半月，可是我回想起来，好像有了八百多月！不过我奔走于忠孝、仁爱之间的那一段生活，好紧张，好甜蜜，历历如在目前，毕生不能忘。

敦化南路的房子，请你不要太费心费力的去打扫，我不要你太劳累。我住进去也不过是暂时落脚的性质，我不会镇日价待在那房子里的，恐怕我的时间绝大部分是在忠孝东路。大概我有两个月好住。到五月里我们将如愿以偿的享受我们的家庭生活。

远东的字典等我回去再拿，也好。不过我去取的时候，希望你能陪我走一趟，我要大家看看我的小娃，我会感觉骄傲，你愿意给我这样的满足么？你看，我不是圣人，我是有很大虚荣心的一个凡人啊！

昨天收到你两封信，外加一大心，余心滋乐。今天怕要受苦，未必能得到你的信了。大心现用图钉悬在我书桌前墙上，我不怕人看，我要普天下的人来看这是我的菁清寄给我的"心"！这大心上的图案好丰满，好充实，好绚烂，好热闹，一看就知道是你选的，我好喜欢！（邮差也很听话，没有折损。）

今天是阴（历）年初二了，高潮已过。你家里有客来拜年，必定也吵闹了两天，我希望你精神愉快。

一想起不久即可见面，我是时常面带笑容，但是又嫌时间过得太慢，一天天的熬，又不免愁容满面了。你呢，爱人？

你的那本诗词散文集（注：《韩菁清小品集》），我很后悔在台时没有抄写完，我好想看，因为那是你的心声。虽然是很久以前所写，但是你写得很真挚，我很受感动。我希望你以后重拾你的笔，再继续写你自己的思想与感受。

（二月十二日早六时）

（附寄的住址条，背面有胶水，一舔就行。）

果然不出所料，没有你的信，明天再说吧！使我失望的是我寄挂的信被退回，说是邮资不足，只好补贴再寄，误了好几天。

爱人，我想念你，我想念你，我想念你！我愿你不要这样的想我，因为相思实在太苦。你少想我一些，也许可以少苦痛一些。清清，我的心！祝
你平安舒适！

你的　秋秋
一九七五年二月十二日早十时

为了爱，我不顾一切

我的最亲爱的菁清：

　　昨天你的第 32 号信使我非常难过，终日怏怏，夜半醒来胃痛不已。我想我还是三月中回去。不听你的话，你会生气。但是这一回我希望你别生气，让我在这时候回去，我乞求你原谅我，怜悯我，宽恕我。你要我等到六月里再回去，我受不了。婚期由你定，随便哪一天都可以。只是你要准许我三月里回去。爱人，为了爱，我不顾一切。清清，我有时想，你也许还不太知道我爱你爱到了什么程度。

　　今天二月十四，是情人节，我们应该快乐，虽然是两地相思。你寄来的"大心"竟有点像是你的嘴，红红的，丰满的，弯弯的，翘翘的，对着我笑，好像真的似的，等着我来吻你。你写着的几个字 With lots of love and kisses，好亲热！好真挚！我喜欢极了！亲亲，你对我这样好，你教我怎样报答你？这个大心是否在远东公司二（五？）楼买的？你是否为了买这东西专程跑到远东？

　　我有预感（你所说的第六感）今天怕没有你的信，果然，邮差送来一大把，里面没有你的信。我不知为什么，今天特别需要你的来信，偏偏没有，这打击好大！唯一的希望，是你的信被邮局压置了，明天可以收到你两封信。

陈之藩夫妇又有信来，给我许多安慰与鼓励，他们要我快快回去帮助你布置新房。又说侯榕生有信给他们，谈起我们的姻缘，她没有说任何不必要的废话。

　　爱，我这一生交识不少朋友，但是真正够朋友的并没有几个，有些是酒肉朋友，有些是有求于我的，有些是貌似关切而实际上是冷酷无情，更有些是忘恩负义之辈……所以我到如今，在朋友一方面感到十分灰心。可以说，我没有什么朋友，只有些相识的人而已。所以，我没有丧失朋友的恐惧，因为我根本没有多少朋友。

　　爱，你不是说过么，你有了我，你便是有了整个的世界。我也有同感，我有了你，我便完全满足，再也不需要什么旁的人了。何况，我们结婚之后，我们自然有我们的一批新的朋友往还。那些陈腐的势利的心术不正的东西，让他们一齐滚开！

　　清清，我不是在妄想，我是有充分的把握与准备，我们以后的生活无所恐惧。你说你"没有背景没有家族"，我就是你的背景！我就是你的家族。同时你也是我的背景我的家族。我们两个人，合起来，便是一个完整的单位，自给自足，没有困难不可克服。你是有见识有毅力的人，我也不弱，我们两个合起来，还有什么可烦的事，你说！

　　渴望知道你过年前后生活的情形，我祈祷上苍明天使我看到我的亲人的信！

　　地板新打蜡，滑，当心。

　　饮食起居要多注意，早些睡觉，千万千万。

你的人　秋
一九七五年二月十四日情人节

谁说情人一天只准写一封信

最可爱的小娃：

今天下午文蔷帮我把七个纸箱的书装好、加标签，由士耀帮着抬上汽车，送邮局，抬下车，装帆布袋，过磅，总算一切顺利，运走了。收件人是你。下星期五还有几个包裹。此地邮局规定，包裹不能挂号，也不能保险，也没有收据，听天由命，同时也不知何日到达，至少在一个半月以上。我累得气喘如牛，一身大汗，口燥舌干。搬动一下可真是不易。可是我心里愉快，因为这是趋向我们团聚的一个步骤，向前走一步，我怎能不欢喜？小娃，你说我的心情像是童年，真的，我是以童真的心爱慕你。在我看来，你是世上最圣洁最崇高的女性。你的个性没有一点不令我衷心的喜爱。我唯一的愿望就是亲近你，看着你，偎着你。

爱，我今天到邮局看见一个告示，下星期一是假期，邮局不开门，星期一当然是也不送信了！明天是否有信尚不可知，星期日与星期一两天无信是一定的了，苦也苦也。

今晚又有一个招商局的船长请客，他名黄漾东，预备一大桌菜，我的心在远远的地方，哪里有兴致和他们周旋？饭后文蔷送我先回家，然后他们继续瞎嚼蛆。我回到家来和你写信聊天。饭局中又有几位先生和太太异口同声的说："老伯回一趟台湾显着年轻多了。"我心想，在台湾时比这还要年轻哩。小娃，我好想好想陪你一道再往圆山、统一、国宾去喝咖啡。我并不欣赏那咖啡，我要的是和你同出同进，让那些忌羡交加的人们看看！他们要在报刊上宣扬也好，伤不了我们分毫！

（二月十四日情人节晚九时半）

菁清：

一夜没睡好，四点就起身。眼尚未睁开，第一桩事就是想你。最近这些天是不是小许小查他们来睡那个上下铺？你一个人太孤单，令我好不放心。不过我搬进敦化南路，你还是一个人住，那怎么办？你说。

你说由敦化南到忠孝东只要计程车八元，我要省这八元，做为是散步。你说你陪我散步，那当然最好不过，我要你陪我走路，不过你早晨起得来么？我可以改在下午散步。还有，你必须要有一双平底的鞋，最好是橡胶鞋，高跟鞋可不能走远路，虽然我知道你是穿惯了高跟鞋的。至少你要一双半高跟。我看你那柜里八百多双，没有一双不是高跟的。

今天是二月十五，距我们相会尚有二十八天！想起来我有点心跳！我们离别已有三十六天，大半已经熬过。爱人，你近来到底瘦了多少？我的体重现为一百三十七磅，初回到美国是一百四十磅，如果再不回台湾大概还要减下去。

你说我背后有一群"老八股"，你说得对，我决心扬弃那一群"老八股"，我要和你一起开始新生活。相信我，我有这样的勇气与毅力,一如你做人做事那样的不平凡。你支持我,你鼓励我,你领我到 个新的幸福的境界里去。事实上,自从十一月廿七日,我已经改变了许多,你不觉得么,爱?

昨天吃饭,有几小块冬菇,不禁想起我的"冬菇大王"。顶尖大碗的冬菇,整块的大冬菇,好吓人!

二月一日起开始申报所得税,你去年报过没有?今年是否要开始报?请注意这个问题。三月卅一日截止。

我要先发这封信,如果随后接到来信,当再写一封。谁说情人一天只准写一封信?

你的最亲的人　秋秋
一九七五年二月十五日早六时半

我们的相爱像电闪雷霆

爱：

　　33号信（二月十二写的）收到，我好快乐。明后两天没有信也就罢了。你过年好热闹，又是年饭，又是消夜，又是烧香求签。你第二天怎么能还有精神应付拜年的人？我有第六感，好像还有点什么你没告诉我。当然我不怪你，你的一切都是为了我好。你对我的深情，我早已明白。你到十普寺，谁陪你去的？想必是胖子一伙。

　　那六张签纸，我已看过。我不迷信，但过去我也常求签，有时签词也颇灵验。你替我求的三纸，和为你自己求的三纸，关于婚姻一项都是吉利的！我们可以放心了。"婚姻夙兴结成双"，"指日喜气溢门间"，"夫妻百岁喜相随"……还有什么比这更吉利的？我曾对你说过我们是"天作之合"，因在一般人觉得我们二人一切都不合，而我偏偏觉得一切皆合，你的人格，你的脾气，你的一些习惯皆与我不谋而合，我衷心的欣赏赞叹。而且我们的相爱，像电闪似的迅速，像雷霆似的冲击，在短短不到一个月之内大事已定，这不是天意是什么？我们要赶快把握住时间，抓住现实，不要理会一些不相干的困扰，别生闲气，我们要聚精会神的享受恋爱的果实，以期无负于上天所赐的良缘！你同意么，爱人？

你要我把签纸保存带回去。事实上，凡是你写的，你寄来的，你赠给我的，你的手接触过的，我皆认为是神圣的，无一不保存，无一不珍藏，无一不爱惜。你求的签纸我当然要带回去。你给我的信，每一信封皆未丢到字纸篓里去，因为信封上有你的字迹。我舍不得丢。小娃，我好爱你！

在台北开车不易，我们要提高警觉，要不要买自用汽车值得考虑。

你收到我的信，是否号码都衔接？例如你32信（二月九日写）说收到了我的28号信，你33号信（二月十二写）说收到我的30号信。那么我的29号信呢？（你二月十日及十一日是否没给我写信？）

小娃，你说你好怕见我的朋友。我告诉你，爱，我现在没有朋友，除了极少数之外。好些人自命为我的朋友，事实上对你不敬，对你不敬就等于是侮辱我，对我说些过分的劝告，这些人是自绝于我，我不得不把他们一笔勾销，不再算是朋友之列。我的亲亲，我不准备把你介绍给任何我的以前的所谓朋友，除非事实证明他们确是够朋友。所以，爱，你放心。我不会令你受委屈。我尽一切力量使你愉快。同时我也知道你是一个坚强的人。苍蝇可以使人厌恶，使人恶心，但是害不了人。那些讨厌的人，无异于苍蝇。

今天是阴历初五了，我还没给你拜年。按年龄，你该给我拜年。按身份，你是我的神，我是你的崇拜者，我该给你拜年。我看，双方行个交拜礼算了，好么？

我是你的　秋秋
一九七五年二月十五日下午五时

我买到了两个装在门上的大弹簧，普通家庭用的，不知道是否合用，亦不知是否合你的意。买了再说，如不适用，以后再买。价钱不贵，只是分量相当重。文蔷很同情我们，说过家是需要这些实用的器材，只是她不内行。

（二月十五日晚）

清清，今日星期（日），无信，明日华盛顿诞辰放假，亦无信。你最近几封航快，都不是专差送达，是和普通信一起送的。也许是因为天天快信，邮差不耐烦了。

现在地板打蜡完毕，一切修缮请即暂停，如尚有待办之事俟我回去再说。我不要你一人独任其劳。以后无论有何烦心的事，我们两个一起做，就会感觉轻松得多，是不是？

爱人，我在对着你的照片想你。你的脸上的表情好多，可惜照片上只凝冻了一个表情。你的表情瞬息万变，最有趣的之一是你打扮好了之后和我一同下电梯时你对我躲躲闪闪的那副样子。你能忆起么？我的心是资料储藏室，藏的全是些你所留下的印象，一颦一笑，一举一动，一喜一嗔，都留在我的心里了，我随时调取细细的回味。这两天没有信，我只好在这回忆中讨生活了。

今天午间出去吃牛肉面，晚上参加中国文教界侨民春节聚餐，约有二百余人。这都是无聊事。你知道，现在我也是新闻人物了，走到哪里都有人指指点点。"我恨名字叫做人的那种动物"（I hate that animal called man）。这是十八世纪英国人 Swift（注：乔纳森·斯威夫特）的一句名言，我想他颇有道理。大部分的人是可恨的。

西雅图的冬天是凄凉的,时而雪,时而雨,时而冰雹,时而细雹。十天半个月的不见阳光。但是你的"大心"在墙上对着我喷射温暖!我好开心。要一直等到我启程时才摘下来。

你闲下来的时候看些什么书?我很惭愧,这一个多月简直没有能写作。只撰写了四份读者文摘的稿子,是预备回台后存着慢慢寄出的。因为悬想到台后将有很长一段时间不能工作。我的心不安宁,睡觉也不踏实。总是做稀奇古怪的梦。怎么好?饮食起居尚佳,你不必惦记。倒是我惦记你,你一人独处,又为了我而谢绝了好多应酬,你一定寂寞烦恼,我真是不放心你。清清,耐心的等我,我不久就来到你身边,由着你抚爱,由着你吼,你骂,你折磨!

出去寄信,暂停笔,明天再写。祝
我的乖的小娃安好!

我是你的最爱的 秋秋
一九七五年二月十六日早八时

我最大的快乐就是使你快乐

我最亲爱的小娃：

今天收到你的 34 号信，比 35 号信迟到一天，怪事。你说拜年不良习俗能免除最好，我完全与你同意。你希望明年内我们一起到处旅行，尤获我心。我的可爱的人儿，我们两个真是心投意合。我最不喜拜年，若是我们两个一起出去玩，有多好？情人们最不喜欢有第三者夹在中间，除非是我们谈得来的人偶然聚在一起。好，我们说话算数，一言为定，下一次过年我们外出旅行。你还记得么，《秋室杂文》里有一篇《拜年》，完全是纪实。

桔黄色沙发实在很好，价钱又不太高，亏你一眼就看准了它。大关夫妇陪你去买，我应感谢他们。

桔黄沙发放在饭厅里一定很好看。你会调配颜色，你会布置。

你说精神恍惚习以为常，我就是不准你习以为常。亲爱的，你教我不必担心，我不担心谁担心？你说！

我那间小屋，小虽小，但不"可怜"。如果我占用那一小间，我会引以为荣，因为那是你为我布置的。几曾听说过一位小姐亲自为她的未婚夫布置房间？我的福气太大了，我应该受人的嫉妒，我具备为人嫉妒的条件。你的照片盖满我的墙，那有什么滑稽？我才不怕人笑话。老实讲，如果有人能窥见我的心，我的脑，他会发现里面密密麻麻的全是韩菁清的大大小小的倩影。好，你现在不好意思就悬挂照片，也可以，我要求你：在你确知我要回到台北的那一天，你先挂上一张。让我回到你家，第一眼就看到我那小房间里已经有了你的照片在墙上，行么？（如果实在有困难，也就罢了，不必为难。我的请求虽很诚恳，实则也很孩子气！）

机场相见，不可洒泪。我一定可以办到，你放心。热络镜头我也不预备供给记者。我只是在别离时实在忍不住要流泪。所以我上次离开，不要你到机场，因为我有把握，如果你去送我，我会哭成泪人儿。你来机场接我，情形不同。我会高兴得说不出一句话，不会流泪，更不会发抖。喜极而哭也是常见的事，可是我不。你说我"好哭"，我是在你面前哭过好多次，倒在你怀里也哭过好多次，你也陪着我哭过好多次，你知道那是为什么哭么？那是两情相悦到难解难分的程度，遇到困难的或兴奋的情况，不期然而然的滚下的热泪！我的感情不能碰，一碰就颤动，重重的触动就要流出眼泪。我看你也是一样。有一次你哭，我问你为什么？你始终不肯说，我只是默默的用我的嘴唇揾干了你的泪，咸渍渍的。你记得么？

你屡次来信告我："放心，我对你的爱心不变！"我看了好受感动，好舒服，好开心。菁清，我知道你爱我，我深信你的爱心永不改变。你不说我也知道，你说出我更高兴。

有一桩事我不高兴，你又把手指甲咬了个光！我得赶快回去，日夜的监视你。如果你再咬，我也不打你的手，我把我自己的手伸过去请你咬，你咬我好了，咬指甲不够，咬我的肉，咬出了血我也不叫唤一声！我相信，我一回去，你也许就不咬了。可怜的孩子，一定是你心里闷，所以养成了这样的怪毛病。

记住，我的爱人，每顿饭要吃青菜，水果。光是肉类谷类是不行的。你肯吃冰淇淋，或牛奶，最好。少吃糖，少吃盐，少吃油，少吃辣椒胡椒芥末，少吃茶，少吃咖啡！你看到此地一定大叫！"什么都不许吃，还活个什么劲？"不是不让你吃，请少吃，可以么？

敦化南路的房客是不是三月初一定搬走？如果是五号搬走，我十五号才能去，中间十天怎么办？谁去看房？我在幻想，假定我十五号回去，你到机场接我，我想还是先到忠孝东路为宜，因为我的箱子里比较重要的东西如稿件之类以存在你处为宜，敦化南路的房子我不会整天守在那里。等到快要睡的时候，你再赶我出门，我乖乖的走到敦化南路去睡。

我写过一篇短文《路过东京》，投给《联合报》副刊，不知你看见没有？今接陈祖文来函，说看到了，但没说在哪一天。大概是一月底二月初，如可能，请代查一下并请剪寄。还有《中国时报》副刊在岁末或大年初也许登出了我的一文《难忘的年夜饭》，亦不知你见到否？你若是无法找就算了，以后他们也许会寄了来。报馆的人索稿，急如星火，登出来之后并不忙着寄给写稿的人。这就是"人情"。

我收到朱良箴（我的学生）信，他说希望能参加我们的婚礼。陈祖文夫妇也有信说要吃喜酒，并且说，"乐哉吾师！"凡是表示要吃喜酒的，将来都少不得要请他们一下。纽约的徐宗涑太太来信说："你有新生了！恭喜你。年龄没有关系，但必须真心相爱，兴趣相合，信仰相同。"我们也合格了，是不是？

胡姐有消息没有？她是个可怜人。我走之后你们见过没有？我想我们的婚事一定会给她带来一些刺激，因为相形之下她太孤寂了。

（二月十九日午后二时）

你有一次接到我的一封四页的信，你很开心，这一次又是四页，亲爱的人，你快活不？我最大的快乐就是使你快乐。我不能使你快乐，那便是我最大的苦痛。我和你一样，在情感上已到了"忘我"的境界，处处以你为第一，我的心里只有一个你，把自己放在第二位。我对你的爱已接近了宗教热狂的地步！我说"接近"，因为我们两个究竟是有血有肉的人啊。菁清，我们这样爱下去，结果是怎样，我不敢想。

一夜之间下了一场雪，雪又变成了冰，走上去咯吱咯吱响，小娃，你若是在此，你一定喜欢去踏雪，我拉着你，一同去玩，那有多好！我离开你已差不多一个半月了，在此期间，凡是陪伴你的人，老的、少的、男的、女的、丑的、俏的，以至于你床上的两个兔宝宝，我一概嫉妒，因为我离你这样远，不能和你作伴，下次见面，你想我还肯再离开你一步么？我会日日夜夜的缠着你，缠得你喊"烦呐，烦呐！"

你的最忠诚的　秋秋
一九七五年二月二十日晨六时

我们两个都是"天涯沦落人"

我最亲爱的菁清：

我今天外面跑了一天，士燿开车，到唐人街新开的一家粤菜馆饮茶。我们对堂倌要讲英文，很受人冷眼，以为唐人不会说唐话。我想我的小娃若在我身边，一定可以应付一番，可是我没说出口，怕人讥笑我嘴边永远离不开韩小姐。其实韩小姐确是随时在我嘴边，我把你咽下去了。爱，你有没有同样的感觉？我们一星期出去吃一次饭，一面换胃口，一面放文蔷休假一顿。我们吃得很省，由十元到二十元不等。价钱和台湾差不多，东西差多了。吃饭的时候士燿对我说："我自从和文蔷结婚，我无形之中受了她的支配，生活习惯百分之八十都改变了，原有的海派作风都不见了。"文蔷对我说："你结婚之后，恐怕要变海派作风了。"我说："不！港派作风。"

我们饭后赶到一处义卖场，是我的外孙就学的私立学校所主办，用意是筹款。挤得人山人海，我只在书籍部里钻出钻进，买了几册便宜书。我们把时间弄错了，今天是恢复夏令时间，应拨钟提前一小时，我们忘了。急急忙忙赶到美术馆，参观中国近年照片展览，看见不少东西，彩色照片放大一丈多长，甚为壮观。随后又看了一小时的电影，照的全是近年中国大陆情形，我心里好难过。我的家乡在大陆，而我不能回去。爱，你也是一个没有老家可回的孩子，我们两个都是"天涯沦落人"！爱！让我们两个相依为命，相亲相爱，相扶相助，过最称心如意的家庭生活，好不好？

（二月廿三日晚七时半）

小娃：

　　和你离别一个半月了，每天赖你的来信使我心上获得滋养不至于饥饿，一个生日卡，一个拜年卡，一个情人卡，像是给我打了三次强心针，精神为之一振，四张照片像是四瓶葡萄糖，维持了我的生命。如果三月十五能见面，还有十九天！爱，你兴奋不？我是已经兴奋得神魂颠倒了。我在行前还有两件事要做，一是所得税清偿，否则出境有问题；一是律师签字等手续，要等他下月初回来才能办。这几天我真像是热锅上的蚂蚁了。你说你是小娃，我看你比我老到得多，我才是小娃。

　　写到此，收到39号信，附照片三帧，喜出望外！这三帧照片都好看极了！我好爱好爱！你在客厅抱兔娃娃那一张，穿黄色外衣戴淡黄帽，颜色配得好极了，真是丰姿绰约如神仙中人。架子上有两只瓷兔，一白一绿，好像是新来的陈设。右下方有四个电池，好怪。寝室那一张，台子上好干净利落，原来的那些形形色色的都哪里去了？愿你永远保持这样的纪录，以后我负责为你清理桌面，保管你永远如此整洁，随时可以拍照。说实话，菁清，你屋里东西多，陈设多，服装多，乱得一塌糊涂，可是我从心坎里有一种爱，爱你这份乱七八糟，因为这代表你的特有的心情、性格、作风、气魄！我好喜欢你！你应记得，我为你铺床叠被，我为你折挂衣服等等，我心里是如何的快乐！甚而至于你那一大堆看过的报纸，我一一的整理起来，我也是心花怒放的呀！寝室一张左下角的一个小盆草，大概就是你给我的那一盆变叶草，在华美摆过一些时，叶都快脱光了。你的臂下空处露出三两只桔子，也很妙，从前这地方是没有水果出现过的。另一帧饭厅插花，人比花美，不过花经你抚弄过一阵，气象也不同了。沙发是旧的那一套，前面的长桌像是新的。

亲爱的人，台北那家刊物的稿，盼保留，给我看。像这一类的文字，我看到不少，更多的是直接来信，千篇一律的，都认定我是一个童呆不如的糊涂虫，以为我是昏聩，以为我是没有眼睛，没有头脑，没有理性，没有判断力的白痴。苦口婆心，口口声声，要拯救我。我的回答是："敬领感情，一切日后自有事实证明。"爱人，请你不要理会这些无稽谰言，这些人自会入拔舌地狱，而我们两个将在天堂上哀怜他们。我对你说过，我们两人的结合是要招怨的，我们没有做任何不合情不合法的事，不牵累任何人，但是我们的结合过于圆满了，于是招人嫉。我很少听到一个女人称赞另一个女人，不管是在德、才、貌哪一方面。你本身招怨，我娶你于是我也招怨。菁清，我爱你，你爱我，我们不要管其他一切不相干的人所放出的不相干的废话，我们的精神要用在我们的更有意义的共同生活上去。

我仍是打算三月中旬回去。陈之藩说的话不错，我原意亦如此。结婚的日子宜在五月中旬,这样我们有两个月的筹划时间,而我们亦可天天见面,免得两地相思。我们可以有两个耳鬓厮磨的地方,一个是忠孝东,一个是敦化南,不一定要到其他容易引是非的场合去,你说对不对?

我要出去散步,顺便寄信。祝
我的菁清愉快!

你的最忠实的　秋秋
一九七五年二月廿四日上午十时

我从你身上获得了新生

我最爱的人：

　　昨天收到的三帧玉照给了我极大的快乐。一共七张，并排的列在我的书桌上，到睡前便放在床头小几的抽屉里，预备夜间不寐的时候取出观赏。喂，同一天摄的，怎么有几张额前有刘海，有几张又没有？这是文蔷发现的，她问我，我回答不出。她又问：七张照片换七件衣服，照相的人一定要等候很久罢？我说也许是。你在七张里表现的神情，每张不同，但是有一共同点：活泼、有生力、淘气、热情，而且高傲。你有令人无法抵拒的力量，那便是人格，那便是去年十一月廿七日使我像触了电流似的心头一震的根由。我如今静静的回想，我和你的姻缘在那一瞬间已经决定。所以，以后一些人要我"考虑"，都是废话。你最近要我"三思而后行"，还三思什么，八百思也是一样，恋爱的事都是乾坤一掷，没有顾虑，没有条件，也没有理由。这些话我已对你说了好多遍，你也许听得烦了罢？可是我一遍遍重复的对你说，我不但不烦，我还觉得无法说得更透彻，更让你体会到我的心。菁清，你为我开辟了新的天地，你带给我以无比的幸福，——这情况外人不了解，有一天我要普天下的人知道你对我有多么大的影响力！我从你身上获得了新生。

菁清，今天是二月廿五日，如果顺利，还有十八天我们即可见面。你顶多再写十三四封信。我想，到了三月八日，你就可以停止给我写信了，如果还要写，也要注意，因为普通一封信要走四五天，甚至六七天也说不定，所以可能落在别人手里。我给你写信，没有关系，可以写到十日或十一日。我们彼此写的信，都要好好收藏起，这是我们将来回忆的好资料。

遥见邮差车来，跑出去迎接，不料扑了个空，没有你的信，大失所望！旋想明天可能有两封，只好忍耐了。菁清，想念之情与日俱增，恐怕见了面两人面面相觑，一句话也说不出来。李清照的词"未语泪先流"，你要我控制情绪，我连泪也不敢流，只好瞪着眼发呆了！

爱，你这些天生活奚似，我好惦记。你是否还是在陈姐快来的时候起床？是不是起来第一桩事打开电视，然后吃咖啡饼干？是不是随后就有电话来约会外出应酬？是不是晚上还是十二点以后才睡？我的心是一个个钟头跟着你活动，想象着你在做什么，担心着你是否有什么不痛快。我相信你也在怀念着我。就因为我确信你是在怀念着我，所以我才能活得下去。否则，你说，我在目前这个环境之下如何能活得下去！？

我出去散步，顺便发信。祝
我的小娃身心愉快！

你的人　秋秋
一九七五年二月二十五日上午十时

人言并不可畏

爱人：

我越想越气，那台北瓦斯刊物上的静佳夫人不知是什么样的货色，竟会这样的出口伤人。这显然是公然侮辱，是犯法的行为。我们不愿多生事，没有闲工夫去和这一类的人去争是非，但是她伤人太甚，天厌之，天厌之！菁清，你不要生气，一生气血压又要高。你要知道，人言并不可畏，尤其是恶意中伤的谰言。社会上的人，尤其是一些无聊的女人，最喜欢传播流言，有枝添叶，加盐加醋的，毁谤一个同性的女人最是狠毒。你说大概是我的"暗恋者"，依我看，很可能是没有一个男人敢于领教的那种女人。清清，不要理会这种事，你每逢遇到这样的情形，请你取出我给你的信，请你静心想想我是如何的爱你，如何的不受任何人的批评议论的影响，我们两个有如何灿烂的前途，你便可破涕为笑了。我气归气，还是乐观，我有把握我们的婚姻将成为模范的婚姻，将成为人们艳羡的对象，将成为历史上的美谈。我们婚后，我将加倍努力，先把文学史（注：《英国文学史》一书）完成，对我的大众读者有个交代，同时了却一桩事，我心理负担也可减去不少，然后我就要着手写你——这是一件极艰巨的工作，但是我喜欢作，我要把你的真面目塑造出来，给千秋万世的人欣赏。写好这一部著作，那才是我们两个扬眉吐气最快乐的时候。婚后你也要振作起来，做你愿意作的事，写字也好，绘画也好，编剧也好，甚而至于作其他的职业工作也好，我全副精神支持你。我们两个不但共同生活，还共同工作，彼此互相欣赏，互相鼓励，然后更有充足的时间互相享受人间最甜蜜最浓厚最诚挚的爱情生活。菁清，这不简直就是神仙生活么？事在人为，我们要这样作，就能做成这样。你是聪明绝顶的人，又是毅力特强的人，我相信，你要做一件事，一定会出众的成功，你无论做什么永远是第一。对不起，我说了这么一大套话，但是你想想我说得对不对，爱？

（二月廿五日午后五时）

爱：

　　我等了一上午的信，好容易等到了一封，信封上是41号，信纸上是42号，是二月二十二写的。这好奇怪。上一封39号是十九号写的。那么，你是否二十及二十一两天没写信？40号哪里去了？也许明天可以接到两封，反正邮局是乱七八糟的。

　　小娃，你的脸是很圆，所谓"圆姿替月"四个字不知有无出典。我怎舍得把你吃掉？如果你真是一个汤团，我会永久永久的把你含在我的嘴里，用我的舌头舐你，不会用我的牙齿咬你。昨天是元宵节，我没注意，看了你的信才知道。

　　×××胡说八道！我几时和他的太太"常通信"？我返回美国后仅给胡有瑞、黄肇珩、邱秀文三人通过信，求她们别在报上登新闻，均已有副本给你。记者的话，千万不要信。你答应二十四日见他们，恐怕是一失策，因为他们一定又要在报纸上掀起另一高潮，这对我们是不利的，尤其是你一人在台，你怎么受得了？！如果又有访问记登出来，盼速寄一份给我。高雄时报的访问记，也盼寄一份来。爱，如果再有记者来缠你，盼勿发表谈话，一律告以"无可奉告"，或"由梁答复"。你无论说话如何慎重，记者笔下总有出入。一月二十二日《联合报》的报导内容也有失实的地方引起不少误会，有人纷纷来质问我。所以一提起记者，我就特别当心，尤其是《联合报》。×××似乎不够朋友。虽然她对我个人毫无不敬，但她对我们的婚事所抱态度是不友善的，你千万注意。此信到时，事情已过，我的信已落在后头，但是以后可能还会再有此等事发生，盼你小心，小心。

　　爱人，我是一天到晚跟踪你！我的心永远在你身边，你居然觉到了？那有什么"怪怪的"？事实是如此。

　　吴素祯是谁？我走后，一个个新的名字出现。你说她好羡慕你，你现在有什么好羡慕的，你有一个爱人远在另一半球，空相思！她需要等我们结婚后再来看我们，那时她才羡慕哩。

　　我还有话和你说，现在出去寄信，因为一定要在十二时前投邮，否则耽误一天。祝
我最最疼爱的菁清安好！

　　　　　　　　　　　　　　你的最忠实的　秋秋
　　　　　　　　　　　一九七五年二月廿六日上午十一时

低头写稿把一切烦恼暂忘

最可爱的小娃：

我今天没收到你的信，很出意外。因为你47号信好像是表示你可以提笔写信了。怎么到今天还收不到信？47号是三月一日写的，无论如何今天应该有信。好，我再忍一天，明天再说。希望明天千万别教我失望！因为后天是星期日。

爱，我今天下午大忙了一阵，由文蔷驾车陪我去缴纳去年所得税及今年四分之一的税，这手续不办好出境有问题。而这手续之繁，令人头为之大！在税局里整整搞了一下午，才算办好。阿弥陀佛。我在台湾的所得税，托远东的一位职员代我办，也不知办好没有？

爱，远东要编一部《英汉成语辞典》，已经闹了很久，现在想积极进行了，我已表示我亲自主编，若有得力助手，我的体力也许还可以胜任，我的目的当然是为了弄一点钱。只要生活安定，我不生病，多做一点工也无所谓。有你陪伴着我，我会精神百倍的工作下去。

《中华日报》副刊连登我五天的稿子，已经寄了来。我有存稿，打算再给他登一些。黄肇珩有信来，问我们何时结婚，并且也要我为她的《自由谈》写稿。我一时尚无以应。黎明出版公司要为我出版一本自选集，我已答应了，并且排了目录及附件等，据说五、六月内可以出书。

我从今天起开始写稿子，以便把时间有效的打发掉。律师的手续不办好，我走不了，而你的信又不能逐日寄达，我太痛苦，所以想出这条苦肉计，低头写稿，把一切烦恼暂时忘记。爱，工作是最好的排遣方法。你以为然否？

你说敦化南路的房子五号可以迁移好。今竟如何？你是不是已经着手找人打扫？你病后吃得消么？

（三月七日晚八时）

爱，昏昏沉沉的过了一夜，醒来就是想你。你的电报是六日打来的，六日以前好几天没有信，我疑心你是病了，也许在医院里休养，所以你才请人打电报教我不要为那些信着急。如果我想得不错，那就更令我着急了！清清，你好了没有？你好了没有？我要知道，我要知道！愿上天保佑我的小娃！

我这里的事，差不多都已办妥，该做的都做了，只是静候对方签字交款，然后支票转移户头也还要有几天的工夫。所以二十二日有成行的可能。如果十五号以前一切办妥，则立即买机票，同时飞函报告你。万一万一来不及函告，也许打个电报或电话。其实你不来机场接我也行，我会一个人找上门来——只是千万别飨闭门羹就好。

现在出去发信，我还有事外面跑，等我回来如果看到你的信，下午再写。祝

吾爱平安！

你的　秋
一九七五年三月八日上午九时

祝你晚安、早安、午安、旅途平安

最亲爱的秋：

今天没有信，连62号信也没有补送来，好怪！忙了一整天的监工，油漆完毕后与苏小小随便吃了一顿简单的饭，想饭后为你写几行。不料大关夫妇又带孩子来，然后郭永昌、郭俊腾先后来，再就是刘墉来，谢伯伯谢妈妈来，好热闹。家里太乱、太脏，我们即刻去梅子三楼消夜。然后又被刘墉邀请到他家，看他的中西画及雕刻。回到家一点半。整理了一点东西，不等着下妆就为你提笔，你高兴吗？现在是星期一的早上了，下星期一的现在，我们就可团聚，你有否想过我们此时在做什么？我猜我们还在聊着，因为你在美国话匣子关得太久了，一下子开了，岂可随便关掉。爱，回来了，你一样样向我倾诉吧！你的喜、怒、哀、乐，你的一举一动，都是我所关心的啊！我今晚仍然守密，不告诉任何人你的归期，仅说快了就是。但刘墉要拍你我在机场见面的镜头，同时要我们做一个专栏访问。我看我将很难躲掉他，撇开他！他要我告诉你，他也是你忠实的读者。在梅子席上，对着谢妈妈将你书上的句子都背出来了，尤其是背《仲夏夜之梦》与《哈姆雷特》幽默的词，其语气好不含糊，逗得全桌的人都笑了！人，我想你不会讨厌他的，虽然他是如此的讨厌（淘气），用什么方法拒绝他来访呢？

亲爱的，我想明天不再给你信了，除非有特别的事非写不可，否则就写到这里，暂时告一段落罢。我们的话是八百多辈子也谈不完的，对么？晚安、早安、午安，旅途平安，一并都附在此信内了。让我的爱随信寄给你，然后你又带回来，带回来给我的将是更多、更多。我心里很明白。秋秋，见面详谈吧！反正你喜欢狮子，河东狮吼是贝多芬的《第九交响乐》吧。（Song of the joy）《快乐颂》你如爱听，你会听八百多辈子的，再见。祝

秋秋永远愉快、健康、活泼、可爱！

等待着准备吼你的　小娃
一九七五年三月十五日

如方便，请给 Bobby 一个电话，告诉他，你爱他，叫他专心读书，不要担心其他的事。如打工不便也可以省掉不打，不要为难。千万千万！

P.S. 这几天还是好冷，你要多穿衣服。反正衣服可以脱，可以穿，不要怕麻烦。东京曾有流行性感冒，（二周前）香港传染过去的，因此要小心谨慎。

（三月十六日）

我们已经考验及格了

爱：

　　我又胡里胡涂的睡了一觉。我很想打长途电话给你，但是我不敢，因为我听了你的声音我会激动得说不出话，只有哽咽的份儿，再则我们的时间不对，怕扰乱你的睡觉，同时也不一定能打得通，你可能不在家，或虽在家而拔了插头。所以还是不打电话为宜。在电话里我们能说什么呢？在那短短的三分钟？写信都觉得纸短情长，电话更不要说了。可是，清清，我多想听你说话的声音啊！

　　今天是星期六，又是要命的周末，一切停摆。我只能静待到星期一，看看有无动静。莎士比亚说："情人永远走在时间的前面。"这一回我却走在时间的后面了。一拖再拖，现已到了月底！

　　有时我想，我们二人是天地间最幸运的人，也是最可怜的人。最幸运，因为我们终于相遇，终于相爱，终于互相觉得满足，一切都十分美好；最可怜，因为受命运的播弄，相聚四十五天之后继之以两个多月的别离，吃尽了两地相思之苦。别离是一种考验，考验我们的爱情是否真实可靠。天啊，我们已经考验及格了，请勿再煎熬我们这两颗赤诚的心！

　　这两个多月来，我过的是修道士的生活，修道士是一心归主，我是一心归我的菁清。我不但心里没有第二个人，实际生活中也没有第二个人。白昼、夜里，我不时的轻轻呼唤你的名字，爱，你能感觉得到吗？

你说你爱我的狂。我何曾有过一点点的狂？我只是痴，只是呆，只是傻。文蔷对我说："你现在感情崩溃，你此去我很不放心。"我不知她何所见而云然，我也没追问她。我不承认崩溃之说，我只觉得我的丰富的感情一天比一天旺，全部全部的奉献给我的清清。这能说是崩溃吗？

我愿你这几天家里热闹，免得寂寞使你难过。亲亲，我不知道我应该怎样爱你，把你锁在金屋里，还是任你自由的翱翔？你告诉我。

你的唯一的人　秋秋

一九七五年三月二十二日晨六时

你的心是很亲很密的和我心心相印

我的爱人：

今天一早发了一信，心里难过得很。午觉醒来，文蔷送来一大卷复印品，是一位自命为好心的友人快信寄来的，都是剪自台湾报纸有关于你的种种报导。文蔷问我要不要看，我说要。当时我就躺在床上略翻一遍，从四十九年二月十四日起，历经五十一年、五十四年、五十六年、五十七年、六十二年，最后到六十四年我们俩的新闻为止。（注：此处用的民国纪年法，即1960年至1975年期间）

虽然是一些剪报，但并不是私人收藏的，是某一机关所存的档案中摘录下来的。我看过之后，心血沸腾，痛苦万状，起立之后几乎晕倒。

清清，你没有隐瞒任何事情，你对我是忠实的。你应该记得，你有一天细诉你的过去的不幸，我请求你不要再讲下去，因为你的不幸即是我的不幸，旧事重提我受不了，当时我抱着你哭了起来，你也落了泪。我下了决心以后永远不要再提这些事，让过去的成为过去。今天文蔷面色凝重的送来这批东西，我不得不违反我自己的决心又来重新自苦一番。

清清，你知否我的心，我的痛苦？你所受的诬蔑与侮辱，都是直接刺入了我的心！走笔至此，泪潸潸下。清清，新闻记者的笔是刻薄的，只知道撰写轰动的新闻，不顾别人的名誉。同时一般看报的人，也以看热闹的心情来听取别人的隐私。人心之坏，实在可怕。更有一部分人口口声声说是爱护我，不断的困扰我，而以今天寄这一卷简报的人为最。我略为翻过之后还给文蔷，我告诉她："其中没有什么新鲜，我知道的比这个多。"我这样的回答好像使她吃了一惊。但是我的坚决的态度，她是明白了。

写至此，我想到你看了此信一定要受到刺激，说不定又血压高，所以决计不寄此信，留待以后再当面交给你。这样也可避免破坏我们此时快乐相忆的气氛。

菁清，我再重述：没有人，没有什么事情，过去现在未来都算在内，能破坏我们的爱情与婚姻。我爱你，是无条件的，永远的，纯粹的，无保留的，不惜任何代价的。

我今天看了这一批资料，一部分是以前没见到过的。我只感觉到我对你的爱又深了一层。我感激寄资料的人，他使我更爱你，更同情你，更了解你，更死心塌地的决心与你婚后厮守一生。我这样的反应可能不是他初料所及的罢？

爱，我写这信，心情十分激动，也许我的心每一次搏动都引起了你的心弦的弹动。我相信你的心是很亲很密的和我心心相印。菁清，你是我所最爱的唯一的人。当然，我也是你所最爱的唯一的人。

秋秋
一九七五年三月廿二日下午三时半

人的幸福仅仅是在"现在"

我的菁清：

　　我今天下午在不愉快心情下写了一信，写后看了一遍决定不寄，留待面交。没有什么重要性，只是心里难过。爱人，我什么都不能瞒你，心里难过就要写出来，写出来又怕你看了难过，所以写了不寄，留待面交。面交后你也许还是难过，那不要紧，顶多两人抱头大哭一顿。你说对不对？

　　这样的信纸，这一张是最后一张了。我懒得去买，因为也许写不了几封。故下次改用另一种较薄的纸，请原谅。

　　今天是第三天没有你的信，这滋味不好受。假如后天星期一再没有律师的消息，我将精神不支，也许我要不顾一切的买票回去，但是我的理性不许我这样做。你来信曾说过要我把事情安排妥当再走。我应该听你的话。但是爱，我的日子好难熬。前些天还有你的信在支持我。这几天我只有整天望着小娃的照片发呆了。

（三月廿一日晚八时）

爱：

　　我昨夜通宵失眠，心绪之恶劣前所未有。四点起床，好像有点晕，揽镜自照，好像憔悴了许多。我矍然以惊，这样子不行，怎么去见我的小娃？我赶快振作，洗脸洗头，吃了东西，静坐片刻。我镇定下来，我想通了。人的幸福仅仅是在"现在"，过去的不要想，想起徒然伤心，未来的不要顾虑，顾虑起来只有恐惧。"现在"是否真实的呢？一倏间"现在"已成过去，一倏间未来已经到来，"现在"在什么地方呢？"现在"就是目前的感受。以我们两人来说，我深深的爱着你，你也深深的爱着我，爱与被爱即是至高无上的幸福。我们不要瞻前顾后，那会徒乱人意，我们自凭我们的感觉沐浴在这爱的情感里！你曾说我们有似锦的前途，我相信你的话，我也有同样的信念，我确认我们携手前进，我们必定有美满的前程，但是这都是在将来。幻想幸福的将来，也有乐趣，我们时常在这样的幻想，不过究竟是幻想啊，不如转过头来，安于现在。现在我们二人分离如此之久，如此之远，不能算是完满，但是究竟我们是幸福的。世界上有几个人有我们这样的"爱与被爱"？如果我现在回想过去，或展望未来，把自己陷在苦闷迷惘之中，而不知享受现在已有的幸福，我是笨伯！如果你也这样，你也是笨伯！创造未来是自享受现在始。无现在即无未来，把现在一点一滴的加起来，即是未来。侯榕生来信说："哪怕只有三日的欢乐，也是值得的。"这话说得讨厌，但不无道理。我们应该天天三复斯言。

　　附一张我写的字，是偶然给人写字的剩墨，随便乱写给你解闷的，不是要你裱起来。你不要误会。我的手有些抖颤，所以字写不好。以后我要你陪我天天写字，好不好？你有没有这样的耐心？看

你画的那两张孔雀,我知道你有耐心。祝
吾爱安好!

           你的唯一的人　秋秋
      一九七五年三月廿三日早六时最苦最苦的一个早晨

爱情之来不由自主

我最爱的小娃：

你没有信来，但我有信去，还是可以通情愫，虽然只是单行道。

我一再展期，至今没能回去，你是不是在大骂我，你是不是在恨我，你是不是想要惩罚我，你是不是在生闷气，你是不是一气之下而……？我不敢想。我在此受制于人，不能动身，我不知怎样向你解释。我是性急的人，你可以想到我现在如何苦痛，一天一天的挨，没有半个人对我说一句安慰的话，你的照片只是对着我笑，家里的人以为我无需着急，没有急着回到台湾去的理由。我的天呀！什么事情比情人相见更急？什么事情比情人筹备结婚更急？没有一个人想到我们是在恋爱中，没有一个人想到在恋爱中的人有什么样的心理。我怜悯他们！因为他们可能没有过这种经验。

我曾对你说："你爱我，我痛苦；你不爱我，我更痛苦。"你的回答是："你要我怎么样？……波斯猫也是善体人意的感情动物呀！"你回答得好，应该给你打一百分。我也不知你应该对我怎样。我知道爱情即是痛苦。这痛苦无法躲避，因为爱情之来不由自主：

　　告诉我爱情生自何方，

是在心里,是在头上?
怎样的生,怎样的长?
你说,你说。
爱情是诞生在眼睛里,
靠了凝视才得长大的……

《威尼斯商人》

长大了之后,那就如狂风,如暴雨,在周身血管里冲突驰骤,令你不得一刻平安。这只是爱,如果再加上被爱,两股爱情交流起来,更要爆出火花,碰出巨响,发出高热,使你发狂。所以诗人、情人、疯人,永远是三位一体。没有情人不写诗的,也没有情人不疯狂的。如果有一方停止了爱,对方只有死路一条。所以我说你爱我,我痛苦;你不爱我,我更痛苦。波斯猫也是有感情的动物,我只好这样的爱下去,永久永久的爱下去了。

(三月廿三日早六时)

今天文蔷看我抑郁不乐,开车陪我到公园里去看花。她当然是一番好意,已许久不曾二人出去,可惜天不作美,下起蒙蒙雨,风劲而凉,又使我鼻窦发炎,在公园里走了几段路,意兴索然。尤其是她劝我许多话,嘱咐我许多话,听来非常不舒服,心中酸楚无处可诉。后来在一家餐馆和士燿及孩子聚集,吃牛肉面,我抢着付账,我说:"这可能是我在此最后一次请你们吃东西了。"付了十五元。感慨万千。

陈之藩有信说，他已准备好一份礼物贺我们结婚。这是第一份婚礼罢？他说是一部书，在选择上颇费心思，书名暂不告我。你说此人讨厌不？害得我瞎猜。他知道我爱书，所以投其所好。他还不知道我的未婚妻也是一个书呆子。

（一九七五年三月廿三日午后三时）

给小娃

我早晨挤杯柳橙汁,
为你午间起来喝;
你晚上送来热水茶,
怕我夜里醒时渴。

这可是琼浆?
这确实甘露。
胜似千言万语,
抵得祝福无数。

——梁实秋

机场一别，归来写了一首《临江仙》

清清：

　　3号信寄到希尔顿，收到否？这是4号信。顾志刚先生一定觉得奇怪，怎么刚刚分别就有这么多的鱼雁往还。他还不知道天天有电话哩！小娃，不知道电话费要多少，若是太贵，就不必天天打了，等有归期时再打，你斟酌着办。

　　昨天一天客人不断，林挺生、罗青及其未婚妻、浦永刚、杨亮功、黄毛，川流不息，可把我整惨了。你不在家，我宁愿独守空房，也不愿和客人应酬。

　　那天机场一别，我归来写了一首词《临江仙》：

　　　　未到别时心已碎，怎堪南浦送人？几番叮嘱莫消魂，心头酸楚，热泪堕青衿。

　　　　独自归来无意绪，开窗痴对白云。转身有意倒清尊，无人管也，醉了更伤神！

　　浦先生带来的东西，包括李国梅交带的，原封未动，收在我书桌下（左方）的柜子里，以免遗失。

今天你吃喜酒，一定遇到很多人，不知道你打扮得怎样"明艳照人"？我真想看看。

大闸蟹吃到没有？如果真的"齿颊留芳"，等你回来，我也可以闻到那鲜美的味道了。

我每天吃饭，没问题，度命而已，茶饭无心也。你不要惦念，事情办完，早早回到我身边。不要给我买东西，我什么也不要，糖炒栗子也不要，我只要你。

秋秋

一九七五年十一月二十日晨九时

有关你的片纸只字对我都是最珍贵的

清清：

　　这是第五封信。希望你能接到。昨晚十一时半你的电话来，我正醒着，因为我谢绝黄毛来陪，得以早睡之故。昨晚浦先生请吃五福楼，是他宴请泰国侨领邀我作陪。他在香港看到报纸上登出你的照片。香港报我没看到，你要剪下来带给我。凡是有关于你的，不管是过去与现在，片纸只字对我来说都是最珍贵的。

　　我请你不要给我买东西，你还是买了不少，小娃，你不听话，你不乖，"我要打你，我要发脾气！"我不要你买，一来是我不缺什么，日常生活所需你都已为我料理得毫无缺憾，二来是你带的钱不多，你应该留着自己使用。小娃，我知道，你不会为自己买什么，你会买许多东西送人，这是你的一贯作风。

　　媚麟赴日度蜜月，其实不如到台湾，中国人还是到中国地方玩比较有趣些。你吃喜酒去，是不是抢了人家的镜头？我料想大家要看的"新娘子"不是她而是你。你无论走到哪里，你都会吸引住大家的注意，这是没有法子的事。

　　算算今天是你走了的第五天，你要我"坚强些"，坚强不坚强能由得我自己做主么？你比我坚强，我不如你。"热锅上的蚂蚁"

一语不能形容我，我不那样的惊慌，我只是觉得凄凄惶惶没个安顿处，坐也不好，卧也不好，食而不知其味。小娃，你事情办好即回，但是我也愿你多玩一两天，这半年来你一定闷得很。我情愿再多忍耐一两天，让你快乐。

这两天好凉，不知香港如何？我没有一时一刻不在想念着你。今天华报猫庵提到谢仁钊跌跤的事，当然也提到你我。谢君不知伤养好了没有？我虽不惦念他，但也想知道。

我现在要出去散步了，腿已不疼，勿念。即祝

平安。

你的小小娃
一九七五年十一月廿一日上午九时

傻小子上凉炕，全凭火力壮

清清：

　　在机场黯然而别，心里好难过。陈清松、於传祖护驾上机，当然没问题。机上人不多，可是好冷，我未带衣服，大为失策，幸亏"傻小子上凉炕，全凭火力壮"，总算挺下来了。午后四点五十分到东京，刘红财于三时得到电报（大同直接发给他的），赶来接我。幸亏他来接，西北公司拆烂污，因生意清淡未备大汽车送客，经交涉，召来小汽车送我到了旅馆，汽车钱是六千日元，西北公司付。我的一间双人室，七千元一天，并不比台北贵，晚饭吃牛排，很不坏，可惜我的牙差劲。

　　下次出国，你出去我可以不陪你，我出去一定要你陪我。我一个人，实在受不了。明天上午刘红财来陪我逛百货店，看有没有透明塑料小包。我的小娃就是喜欢这些小玩艺儿！现在我下去发信，回头洗澡，睡大觉，看睡不睡着。你务必小心谨慎，我不在你身边，你觉得寂寞不？我好想好想你。下次信到美国寄了。

秋秋

一九七六年六月四日晚九时

萧英雄代付机场捐，问他多少他不说，我给了他一百，上飞机后我检视收据，才知道是一百五十元。下次见到他，务必代我还他五十，少虽少，不可马虎也。

这里的人震于"上海小姐"的大名

清清爱妻：

　　这是第六信，分别已一星期过头了，尚未接到你来信报平安，我十二分惦念。我生活情形很简单，集中全力于写稿，等我带回去给你看，你会很惊喜。我利用这里的天气与环境，以写稿自遣，稍稍可以排除相思之苦。小娃，你想我不？有没有时间想我？

　　昨天文蕾不在家，士燿和我带孩子到华北饭店去吃午饭，二十锅贴，每人一碗牛肉面。这牛肉面，肉又少又硬又没有油，每碗二元，比我们楼下瑞祥小吃馆奚啻天壤！还是台湾便宜。遇到一位刘法暄（前台大训导长），刘见面就问："夫人来了未？"我说没有，他大为失望。文蕾告我，人人都在问这个，他们是震于"上海小姐"大名，想一见庐山真面目。我对这些好奇的人，一笑置之。

　　小乖的成绩单，一色的A，全班第一，初中毕业。有此成绩殊为不易。小弟半B半C，勉强不致除名。兄弟之间有此差异！

　　昨天看（英文）报，我们的行政院改组，半换新人，市长也换了，但语焉不详，未列人名。不知市长是否轮到林挺生耳。教育也该换换人了。

　　有两件事提醒你：一、日敦化南路房子到期，要清结收房。

二、现住房撤消登记事要交代专人着手办。如果有能等我回去再办的事，就不必忙，等我回去。我大约七月五日或六日动身，俟定好飞机再行函告。从下星期起，文蕾说要陪我去采买东西了，我预备花一两天的时间去办。

孩子们暑假到了，上暑期学校学音乐，午后送报（每人可赚七八十元，两个孩子合送一份，因为太重，星期日报二百四十五页，否则可得一百五十左右）。

这些日一直无雨，大晴天，此地天气是一晴即冷。好怪。

达令，我们客厅冷气机要修才行，修了未？你睡觉时能不开冷气即毋开，我怕你受凉，千万注意，胳膊腿不能放在外面！

你起床后还有没有柳丁汁？日语开班，去了没有？夜晚独自回家，千万小心。计程车夫坏人太多。

婆婆妈妈，嘱咐的话全是多余！只是我的心时时刻刻在惦着你。不多写，即祝
我的小娃，我的爱妻，我的清清，平安快乐！

你的爱人
一九七六年六月十一日早六时半

小别胜新婚

我的小娃：

 这是第八封信。前天接到你的第一封信，昨天没有信，今天礼拜天邮差不送信，我只好盼望明天了。你没有信来，证明你身体不适，所以我惦记。愿上天保佑你！你说要在礼拜天请刘培书来帮你理垃圾，今天你一定是格外劳累了，希望你自己保重。

 昨天士燿学校行毕业礼，他以教授资格当然要参加，但是他要全家都去捧场，文蔷就很不高兴，可巧我因肛门肿既不能多走路，更不便坐冷板凳，所以我就幸而被赦免了，一个人在家睡大觉，外面下大雨，我听到雨点打在窗上声。从下午一时睡到六时，小乖喊我吃饭，我才矍然而醒。当然我并未真睡五小时，我是随看书随睡。现在是凌晨二时半，起来站着给你写信。如果世上真有所谓telepathy（精神感应，心心相印），你应该感觉到我的爱，是怎样的缠绕着你，何况你是最最敏感的人！我感觉你在想我，否则为什么我这样的如醉如痴的系挂着你呢？清清，我的爱妻，我要你！今天是分别十天，苦难才度过三分之一，再过十天我就要去买飞机票了。人都说"小别胜新婚"，我以为那是不得已聊胜于无的宽解语。夫妻别离的滋味太不好受了。

文蔷问我："Grace 对你怎样称呼，是否喊你做秋秋？"我想了想说："秋秋是她在最亲昵的时候才喊叫的 The most endearing name，平常喊我各种的绰号，有时叫我'小小乖'。"她大笑。我就向他解释，我们俩是如何的相亲相爱。她表示她很高兴。（我没有提起"白皮猪"）

我的稿子写到五十页，停顿了一天，不知今天能否继续，一天工作无进展，我就难过，天生的写稿机器，不工作即不舒服。

我们这里每日谈话中，总不免要提起你，我则尽力避免主动的提到你，否则我的相思的心情要被他们窥破，怪不好意思的。清清，你一天口里说几次"梁教授"？

盼你的信。祝你
快乐！

我是你的最爱的人
一九七六年六月十三日晨二时五十分时
万籁俱寂微闻自己的心跳声

没有你的信，我胡思乱想，心乱如麻

清清，我的爱：

　　这是第十一封信。我昨天好难过，因为没收到你的信。我只收到你八日写的一封，以后就没有收到信了。我怕的是你身体不好，拿不起笔。分别已有十多天了，怎能教我不记挂着你？！

　　我的第十信，因天雨没能及早付邮，后来出门买东西又忘了寄，迟到今早（冒雨）才送到邮局，恐怕你有一整天没能收到我的信。

　　昨天十时文蔷陪我冒大雨外出，跑了无数的店，大部分你要的化妆品都买到了，只是乳罩难得，因为西雅图不是豪华城市，高级货品没有销场，好容易才找到几个，尺码又不合。文蔷一辈子没戴过，我更外行。我在乳罩部钻来钻去，大家都看我。我想在东部大城如纽约，也许容易买到。

　　我们买东西两腿清酸，便在一小店吃饭，西菜，蹩脚，还要六块钱（文蔷付了账），此地物价较前激长甚多。我为省钱，不但没要汤，连咖啡也免了，反正冰水管够。

　　昨天整天下雨，小乖小弟依然要送报，淋成落汤鸡。这百多块钱不容易挣。文蔷说要他们吃苦，要他们知道钱来不易。孩子再大一点，要他们暑假到加油站卖汽油。这是美国标准的教育孩子的方法。

　　我不敢喝茶了，尤其是那"清茶"很提神，喝了睡不着觉。我喝白水。

（十六日晨六时邮局回来）

好容易耗到了十点半，邮差来了，仍然没有你的信！我可真有点着急了。我胡思乱想，心乱如麻，可是还要装做很镇定的样子，你说苦恼不？

我本想再做几首情歌，因心情不安定，懒得做了。但愿明天能收到你的信，天天都有个明天，我痴痴的等。清清，我想你！

你的　秋秋
一九七六年六月十六日上午十一时

爱：

我也有第六感（觉），我猜想这两星期来你一定很忙，说不定你是在酝酿着一点什么，预备我回家时给我一个惊奇。

昨天晚上我们烤了一只大火鸡，比台湾的嫩些，但我不爱吃，勉强捧场。

林挺生给士爝一信，约他明夏到台为大同工作两个月，士爝在考虑，不大热心。我也不劝他接受，听他。

天气好转了，我晚饭后就回到屋里，文蔷他们做园艺一直作到九点半。

达令，你想不想我？？

你的　秋秋
十七日早六时半

人生不离别，谁知恩爱重

小娃：

　　这是加班信，如果递送得快，也许七月四日午间可以投到。我四日晚七时四十分就搭西北七号班机抵达台北了！爱，你要接我。久别一月，我瘦了两公斤多。想你想得要死。读苏东坡诗："人生不离别，谁知恩爱重？"他是和弟弟别离，夫妻别离其滋味又不可同日语矣。清清，你会不会骂我："你好烦！你好烦！"我看你寄来的照片，清瘦了许多。但愿我一下飞机能看见你的脸，仍是圆圆的，如花的笑靥，我会快乐死！读昨天寄到的《中央日报》，知台北热到35°（摄氏），此地亦略升，20°左右，我开始在午间把卫生裤脱了。我知道一回台北便像堕入蒸笼，但是我愿意，我愿意和我的小娃一起入蒸笼，何况我们寝室冷气一开俨如仙境，非外人所能知。不写多了，祝我妻安！

你的小乖乖
一九七六年六月廿九日早六时

"爱别离"是人生四苦之一

小娃：

　　现在是五点半，刚从大同回家来，两腿清酸，头昏脑胀，口燥舌干。在大同楼上楼下，一间房又一间房的走，马不停蹄，足足三小时，林先生陪我一小时，就到别处开会去了。接待的人太热心，每个人都要向我解释他的成绩与作业，有些人国语欠佳，我根本听不懂；有些人声音小，我根本听不见，我还必须作出感兴趣状，有时除了"金鸡乱点头"之外还要提出一两个问题表示我的关心。实在把我整惨了，一回到家先去解放，随后是上水，然后颓然倒在沙发上闭眼养神等喘过气来，才蓦然一惊，我的小娃不在我身边，想此际必已安抵香港矣。我一个人好冷清，东也不是，西也不是，茶饭无心，呆若木鸡。"爱别离"是人生四苦之一，现在偏偏要我们尝这种苦。看你那样子，说走就走，好像满不在乎似的，其实我知道你心里也不是滋味，对不对，你说。在机场拥别，我心里一酸，但是我忍住了，现在回到家里又开始心里难过。我现在要打起精神，到厨房去做晚饭。

（晚六时）

你临走什么东西都没吃，饿坏了吧？你那半碗苦瓜，没办法，只好丢掉。

你那些宝贝的小花小草，你放心，我不会让它们干掉，除非是它自己要瓜咗（注：广东话，死掉之意），那就怨不着我。大同那里菊花上千盆，今年没送我们，大概是看我们屋里植物太多，容纳不下。其实他们那种大朵菊花，我并不喜欢，没有你买的秀气。我爱花，尤爱爱花的人。我爱花，尤爱比花更美的人。

我晚饭没作菜，午饭剩下来的吃不完。

喂，昙花要开了，一二日内事，可惜你看不到，我要为它写生，这种花不好画，我要试试看。我上回画的石斛兰，你不是说很好吗？

（晚饭后）

昨晚上八点半我看电视"动物奇观"，正想去睡，黄毛驾到。无可奈何，陪她吃绿豆粥，到九点，我问她打算睡在哪里，她说睡在这里，我说，好，我要到大寝室睡去了。好像她还继续看电视。此人无趣，但她来总是好意。

喂，小娃，你的床舒服之极，可是你的被太单薄了，我一觉醒来，加一层，后再加一层，还是不暖。你把厚的全给我了，这怎么行！？现在急去寄信。

祝我的小娃安好！

秋秋

一九七六年十一月八日晨六时

一室庄严妻是佛

清清：

　　这是第八封信。不管你能否收到，我还是要写，写了之后我心里舒服一些。

　　苏小小打电话来，她还不知你已去港，我告她你七号走的，已有十天了，她说："不对呀，七号走的，只有八天，你是一日三秋吧？呵呵呵呵。"

　　潘琦君报上有一小文，题是《一室庄严妻是佛》，说得很对，自你去后，这里像是一座空庙，只有一个老和尚照常的点灯烧香打坐念经，但是没有佛，没有菩萨。只好自己解嘲"心即是佛"，向我心里的佛膜拜。

　　寒流来了，你带的衣服太单薄，我想你自己会想办法，希望你多保重，千万别受寒。

　　你去了整整一星期，也许再等一星期你可以回来了吧？一定要设法通知我，好到机场去接驾。

秋秋

一九七六年十一月十四日午后

忙虽忙，无时无刻不想念你

小娃：

　　机场别后，偕黄毛回家，在"百福之家"（即买发芽豆的那个地方）吃面。黄毛约了那位陈小姐一同看电影去了。我回家来，先到你房间整理床上的衣物等等，略为收拾，我心里好闷得慌，面对空床，很难过。我不愿你离开我，但我不能不放你出去跑跑，永远关在笼子里不是办法，虽然有我在笼子里陪着你。

　　我要写的东西太多，这几天不会闲，单是《读者文摘》的宋词辨正的稿子就要赶出四六七三个月的三篇，以免我去美时前后匆忙。此外高信疆（注：时任台湾《中国时报》副刊总编）出书也要分神编配。《联合报》也需应付一下。《四宜轩》要再写十篇八篇的好出单行本。你看我有多么忙！忙虽忙，还是无时无刻的不在想念你！

　　你到香港有人接没有？甚念。

　　我昨晚看完电视即睡，黄毛何时归来我也不知道，我太累了。

你的　汤米

一九七七年三月廿六日早六时

我给你收拾房间像迎接新娘子一般

小娃：

　　这是第二信。昨晚我九时睡，十时许被你的电话惊醒，我耳朵不好，好像你是说已借到钱，不需我汇款。如果你钱不够用，盼再来电话，我可以弄一张支票邮寄给你。

　　林煌村处明后天我会打电话去催他。

　　你电话里问我，你的寝室打开过没有。当然打开过，晴朗时我打开门，开小窗，通通空气。这几天台风阴雨，就没打开过。昨天下午我兴高采烈的给你收拾房间，抹桌揩地板，像准备新娘子回来的一般心情。我没有教小鬼进去，因为我不放心，看守着他又不大好。客厅窗帘，我教小鬼洗了。

　　冰箱里存货无多，你走后三日即告罄，我买了鸡腿、排骨等，都是在小菜市买的，新鲜的食物硬是不同。前天我做了一碗冬菇烩豆腐丁，我喝了半碗，小鬼喝半碗。我让她作一次洋葱猪排，哇，像鞋底子似的硬，吃了三天！

　　小娃，这两天转凉，你衣服不够，怎办？我惦记之至。昨夜我拖到两点半才闭眼，受了寒，大泻。你不在我面前，我好孤单。平常你锁起房门，我看不到你，但我知道你在屋里，心里就踏实。从门缝里望到灯光，听到音乐，我就心安理得回到床上睡觉，而今呢？

黄毛来过，送西瓜、梨、香蕉，数语即去。冒大雨而来，盛情可感。

头晕呼呼的，外面下着雨，凉风飕飕。我因为想念你而格外觉得凄凄、清清，好不感伤人也！

好好保重，闲来无事你可以写点东西，看有无灵感？

祝你平安！

秋秋
一九七七年九月廿一日早八时

若有爱情远亦近

清清：

　　这是第四封信。刚接到你十七号写而邮戳是十九号的信。信至少被压置了一天！他们不知道情书晚到一天给人家多少焦急与不安。此信虽然是迟到，我还是如获至宝，看了不止一遍。我就是喜欢看你写的字，字写得大大的，重重的，力透纸背，我看了舒服。你的字代表你这个人。

　　顾志刚都开画展！你去看了，怎么样？按道理，能照相必善取景，应该知道深浅浓淡的道理，也许画得不错。我盼望你在项臂不痛的时候重振你的画兴。我等着你给我画一张像，那将是永久永久的纪念。

　　杨亮功没有请吃饭。我不会主动的去找他。他是忙人，而我"几曾正眼看王侯"？

　　今天电话响："喂，大老爷！您好！清清呢？……啊，您闷得慌，要不要我去陪陪您？"我赶快说："不，我不闷，我忙，不敢劳驾。"她的意思是为丁秉燧那本书。我唯唯否否。

　　接连数日阴雨，可是我们的法国式咖啡走廊（注：为台北寓所"迷你书房"外搭建的小走廊的戏称，俩人常在此喝咖啡、吃饭、聊天）我已用了三次，独自在那里吃饭，直到天黑下来伸手不辨五指才回屋。

因着凉卧床两天，今已见好，只是胃口尚未复元，看样子非等你回来不会大嚼也。冷气被太滑，加了布套，好多了，也暖多了。

"若有爱情远亦近，如无爱情近亦远"，我觉得远时嫌太远，近时还不够近。我近读李义山诗，集了一联："深知身在情长在，莫遣佳期更后期。"清清，你快回来吧。

秋秋
一九七七年九月廿二日晚八时

昨天浦家麟来，送我们一块火腿，约一时（英寸）五分厚，上腰峰，肥的太多，他说是真正上海货，谁相信？又小小的蘑菇头一包，倒是好东西。都放进冰箱，等你回来享用。

和吴奚真交涉字典事又生了枝节，不但不允再付，还要他退还五万元。我这个中人，好难做。

姚律师打电话问房客交房未，我不接头，只知道根本没交房。已请律师再设法去催。此事急需你回来料理。

小娃，香港大概也是终日阴雨，你是否整天看电视？当心你的眼睛！你说享受冷气，现在改为暖气了吧？自你走后，冷气我就没有开过几次。

我们的瓦斯炉，公司派员检视，说要换橡皮管，否则有漏气危险，我想换就换吧，花了一百五十元，买个安心。可能是那工人敲竹杠。主妇不在家，我简直没法度。小娃，你快回来吧。

修冷气的小林打电话找你，问他什么事，他说没有事。好怪。浦家麟说，同机的也有一位客人入境证未盖章，在台北机场大吵大闹，结果还是入境了。（也许公司要受罚。）

　　巷口的义美，我去了一次，小妹爱理不理的，很没礼貌，我买包子，她说没有热的，我说我要冷的，她说冷的不卖。我恶狠狠的瞪了她一眼，哼了一声，就走出来了。以后再不想去。香港大概不会有这种事吧？

秋秋

一九七七年九月廿三日早六时

两人若已成一体，就要朝朝暮暮

清清：

　　早出寄信散步，到敦化南路，我们的房子可能是空的，因为我按铃无人应门，看样子也许水未浸入，实际情形不敢确定，打开门进去才能知道。明天当与姚律师再通电话。上次他在电话中问房客那边有无电话，我说无，他表示为难的样子。

　　散步归来顺便买了馒头、烧饼油条与小鬼分而食之。天天要为下女预备吃食，今天晚上还要等门，好在她下课之后立即赶回，约在十点一刻左右。小鬼相当聪明，今天她做洋葱排骨已经和我做的差不多了。

　　黄国隆，叶长安，都有电话。

　　陈秀英一家人约我同去游阳明山，临时大雨作罢，其实我无意出游，无此兴致也。后天中秋，我猜想一定有人饶不了我。我十天来，很少有机会说话。我现在和你笔谈是我一大享受（苦中作乐）。昔人有句："两情若是久长时，又岂在朝朝暮暮。"我要补充一下：两人若已成一体，就是要朝朝暮暮！你说呢？

　　阅报知台风袭港，你在高楼上闷不闷？画的成绩如何？近来身体好不？念念。

祝小娃安好！

秋秋

一九七七年九月廿五日下午三时

情诗《给菁清》发表出来,我很骄傲

清清:

　　收到七月二十日函,知道你正在为搬家苦,我心痛之至,不知你如今是否已经住进新房?

　　我是八月十日下午六时到台北,班机华航003。不是十一号,是十号,别弄错了。有一回我写信说是十一号,那是错误的。九号晨由西雅图动身,十号(台北时间)到。

　　痖弦寄来我的情诗《给菁清》,我没想到你把我这首诗给发表了,我又仔细读好几遍,诗虽不怎样好,确是真情流露,不是抄袭别人的。这首诗好像是你第一次到香港去的时候我写的,既发表出来,我很骄傲,让世人(尤其是那不同情我们的人)瞧瞧,我们是怎样的相爱。

　　《爆竹》尚未见到,蔡文甫做事慢腾腾的,其实一发表就应该航寄一份给我。他不懂写文字的人的心理,就像生出来了儿子一定急着想抱过来看看。

　　我昨天写成了《记圣米舍尔酿酒厂》,两千字。暂留在手边。可写的题目很多,惜无时间耳。

　　你要Jolmson:Sheer Ship(注:护创胶布),我手边尚有四条，先附寄给你，随后我再去买，下几封信，当再附数条应急。（这次寄的四条，有两条 Sheer Ship，另两条不知能用否？）你说率队到机场接我，请不要太多人来，何必劳师动众？有你就够了。我像是一只鸿雁，从海外飞回，嗷嗷的叫，要在人海中急着找到的只是你！

　　昨日大雷雨，殛伤了很多人。此地大雨有一特点，没有声音（不是因我聋），雨点打在草上，无声，打在树叶上，亦无声。只见雨脚如麻，微有簌簌之感。

　　祝小娃搬家顺利，精神抖擞！

秋秋
一九七八年七月廿七日晨

我日日夜夜在念中

清清：

　　今天八月二日，原议今天去看古墓展，不知等一下是否黄牛，因为他们没有再提，我亦不便再问也。可是"参观记"我昨天已开始写了两千字了。

　　我明天再写一信，就暂停了，估计着你八日或九日可以收到51号信。再提醒你，我是八月十日午后六时003班机到达，不是十一日，有一回我信上写十一日是写错了。

　　你要的胶布带，买了不少，三分之二是文蔷买的，她说是送给你的，又三分之一是我买的，大约足够你一年之用。文蔷不太清楚要这么多胶带做什么用。我也没有十分明白的说。

　　前天我擤鼻涕用力过猛，觉得脑袋砉然一降响，骇了一大跳，可是右耳突然恢复了一些听觉，不像以前那些天之全无感觉。可能是里面塞住了。我回去想找耳鼻喉科医生给洗一洗。我从没想到人要"洗耳"，只知道"洗耳恭听"是一句客气话，原来可以真有其事。

　　我昨天晚饭后作例行散步，顺便去买点吃的，不冷不热，穿我那件红夹克，正好，买了六罐果汁六块麦饼，可以维持到我走的那一天了。体重仍维持在一百四十磅,因为我不愿再降,乃努力加餐,以免回去时你见了我会大吃一惊。

我收拾箱子,根本没买多少东西,但是东一点西一点加起来已是满满一箱,手提帆布袋亦满满的(我只装一袋,另一袋不用),本想多带几本书,事实上已不可能矣。

你忙的如何,我日日夜夜在念中。唯盼你身体安康精神愉快。小娃,小娃,再等一星期,我们见面,我好兴奋!

祝好。

秋秋

一九七八年八月二日

我总有一天等到你

清清：

你这回去港，一周才能回来，对我来讲这段时间好长啊！我本不怕寂寞，这一回却觉得独居很不自在，也许是我老了吧？下面是我简单的日记。

三月十一日星期一　你晚间匆匆出门，有一方形提包忘了拿。丘彦明陪我去吃客家菜，其实是我陪她。吃了三百八十元（注：全文的金额皆为台币）。回家吃水果，她吃了一个大苹果，半个葡萄柚。看完电视新闻，我欠伸欲眠，她遂去。是夜我起来三次，照顾猫，鸡肝没买到，连日雨，摊贩未来。

三月十二日星期二　早上七点才起，头昏昏然。未食早点，十一时剩鸭汤下面，果腹而已。三猫均乖。小花有些讨厌，但他很巴结我。小黑可怜。五点半陈秀英来，说是你教她来的，你不放心我，可是她一来把我打扫剩菜的计划全部打翻了。丘彦明又来了。三人去川园餐厅，吃了九百五十元，剩牛腩打包带回，够吃两顿。八时散。

三月十三日星期三　等林挺生未来，耗去我一上午。你有挂号信在邮局，天雨未去取。未吃早点，十一时吃牛腩下面，剩下半碗汤，明天再吃。不知你在港如何，惦记得很。我看书无心，写稿也无趣，唯对空咄咄而已。陈秀英说："有事打电话给她。"我说："若能打电话，便是无事，若无电话，可能有事。"她大笑。

晚丘彦明又来，同去吃越菜，虽不高明，尚新奇，未尝不可一试。吃了三百元。丘彦明开门不慎，小花窜出，晚九时返回，大概是饿了。使我心里不快。夜晚出买鸡肝，仍未买到。冰箱里有鸡肝，十天也吃不完，小黑很合作，烤得焦焦的，她也吃。

三月十四日星期四　连两夜大猫陪我睡，他好乖。赴邮局取挂号信，不出所料是你的大同支票。雨一直未停，省我浇花。但是阴冷。

大猫吐得一塌胡涂，不知是隔夜鱼不新鲜还是受凉。我心里好难过。

午饭吃剩牛腩烫饭一大碗。晚陈秀英来，带来许多食物：烤鸭一只（葱、酱、饼），馅饼六个，泡菜两小包，自制肉燕一包（可吃四次），烤面条两盒（可吃两顿），法国奶粉一罐，拉面一包。正要吃饭，丘彦明又来了，三个人坐下大吃一顿。看完电视新闻，陈秀英回家，丘彦明说要看电视剧，九点才走。

我打扫残局，伺候三猫，十时就寝。

三月十五日星期五　早起吃馅饼一个，肉燕十枚。今天是你去港第五天了，也许晚上有希望看见你回来。

煮鱼，几乎烧焦！午饭吃馅饼一个，肉燕十枚。打扫剩余葡萄。

小花不吃隔夜鱼，大猫替他吃光。小黑突然失踪五小时，后来听到声响，她原来藏在浴室洗脸盆下柜橱内！太淘气了。

晚正准备饭，丘彦明又来了。去吃半分利，三百元。同去买鸡肝，六十元。她送我回家而去。卖鸡肝的问："梁太太为何没来？"等到你九点，你没来，锁门睡觉。

三月十六日星期六　晴，上和平东路菜市买猫鱼四百八十元，笋及豆皮一百二十元，又为小黑买鱼干二两六十元。我希望你今天回来，准备了一锅发菜等你来吃。

哈哈！"我总有一天等到你！"你今天回来了，我好高兴。我今夜要平平安安的睡一大觉！

秋秋
一九八五年三月十六日夜

（注：由于韩菁清这次去香港料理事务时间很短，梁实秋以日记代信）

出版说明

一、据上下文可明确推断所误为何，由编者径改。通假字，方言用字，象声词，及外国人名、地名译法，仍存旧貌。

二、作者习惯使用的"象""份"等特殊用法，悉按现代汉语规范径改。

三、为便于读者阅读且体现信件之间的呼应，故所选信件皆以梁实秋写信时间及收到信件时间的先后为序编排，并将信件落款时间统一为公元纪年格式。

四、对个别较难理解的地方增加必要的注释。